大笑いで
大開運

大笑いの楽しいご縁はすぐにつながっていきます

笑うことによって、運気も、環境も、人のご縁も変わります

枚岡神社で毎年開催される「注連縄掛神事」（通称 お笑い神事）は
東大阪市無形民俗文化財です（2024年12月23日午前10時 斎行）

観相学鑑定士の弟子たちと受講した「巫女体験研修」

開運大笑い

幸せの泉が湧きあがる秘密

木村れい子

日本開運学協会 理事長
開運顔相鑑定師
開運ラッキーメイク 家元

内外出版社

「運」を強運から
光り輝く〝大開運〟に育てたい人へ。
ものすごい方法を教えます。

私は**「観相学」**と**「開運美容」**のプロフェッショナルとして、
これまでに2万人以上の顔を拝見してきました。
そのうえで確信していることがあります。それは……、

思い込みで運を下げている人があまりにも多い。

ということです。ほんとうに多いのです！

- **私は、お金に縁がありません**
- **私は、パートナー運が悪いんです**
- **私は、自分が好きになれません**

はっきり言って、すべて思い込みです。
長年、脳にインプットされたことが、そのままあなたの思い込みとなり、
全部、顔に表れて運気も下がっていくのです。

顔は正直です。
そこには、いろいろなひみつが隠されていることを知ってくださいね。

「開運福顔」
「開運ラッキーメイク」

私が伝えていることはどれも簡単。ものの2分で顔が変わり、その人が本来もっている「運」がさらに強くなります。
どうせ思い込むなら、幸せな気分で運と付き合いませんか？

そうやって**「開運」**を研究してきた私ですが、
最近、びっくりすることと出合いました。
人間の顔と向き合いながら40年以上にわたって、
開運のアドバイスをしてきましたが、
「これだ！」と心底、驚いた新たな発見があったのです。それが……、

「開運大笑い」

笑うこと、笑顔でいることの
もっともっと奥深いところから込み上げてくる**「笑い」**。
まるで尽きない幸せの泉が湧きあがってくるような感覚に包まれます。

それは、根源的なエネルギー。

「開運大笑い」をそのように言い換えても過言ではありません。
あなたに無用な「思い込み」なんて、一瞬にして吹っ飛びます。
眠っていたあなたの強烈なエネルギーが
笑うことによって、**運気も、環境も、人のご縁も**変えてしまうのです。

「開運大笑い」をご自分の日常に取り入れながら、

「開運福顔」や「開運ラッキーメイク」で顔をキラキラさせると運が爆上がりするだけじゃなく、あなたのまわりにいる人たちにも**「開運大笑い」**の幸せな波動がうつっていくのです。

私が驚いたこと、気づいたこと、みんなに知ってほしいことを1冊にまとめました。真の「開運福顔」をとおしてあなたの運がもっと強運に、そして**「大開運」**となりますように、この本を活用していただければ幸いです。

みんなで運気上昇しましょうね。

木村れい子

開運大笑い 幸せの泉が湧きあがる秘密 目次

はじめに

私が「大開運」した運命の出会い

第1章

「開運大笑い」とは？

第2章

お顔のひみつ

第3章

「開運大笑い福顔マッサージ」と「開運大笑い 桃のチーク」+「眉」のこと

第4章 対談「笑う心」が日本の希望

はじめに

「強運」が爆上がりした運命の出会い

環境が人間の表情を変えていく

「人の運は顔から変わる」

これは、私がふだんから大切にしている言葉です。

私は40年以上にわたって、東洋の観相学、人相学、脳科学、開運術を学びながら、「開運美容家」として活動を続けてきました。

もっともお伝えしてきたのが、単純で、簡単で、誰にもすぐにできる！　ということ。そして、取り入れた瞬間から**「開運」になっていく**方法です。

だからでしょうか。マスコミからの取材依頼もひっきりなしにいただきます。とてもありがたいことです。

そして、私のお話や取材された記事を読んでくださった人たちが、即実行、即実践することで、思わぬ「開運」や「強運」になっていく報告を聞くことは実に嬉しいものです。


「彼氏（彼女）ができました〜」

「やっとプロポーズされました！」

「気に入った住まいの物件が見つかりました」

「すごくいい仕事とご縁ができました」

「昇進しました」

「給料が増えました」

「思わぬところから臨時収入がありました」

「高額の財産が手に入りました」


そんな嬉しいお知らせをいただくたびに、皆さんのあふれる笑顔が想像できて、いつも以上に笑顔になっている私自身がわかります。

最近は、そのような感動の報告がとても増えました。

先日のこと、考えさせられる出来事がありました。
もう二十数年間、海外に住んでいる友人の言葉です。
年に一度、日本に帰ってくることを楽しみにしている彼女ですが、年々、帰国するたびに、びっくりすることがあると言うのです。

「空港から街中に出てみると、なんだか表情が暗いことに驚くのよ」

うつむき加減の人も多く、全体的に笑顔の人が少なすぎると言います。
ふだん彼女が住んでいる国は、とにかく明るい人が多いと聞きます。天候も晴れた日が多く、きっと温かな環境が影響しているのでしょう。彼女自身の明るさからも日常的に陽気なお国柄が想像できます。

彼女ほどではありませんが、私も感じることが少なくありません。とにかく毎日笑っていることが多いからかもしれませんが、やはり日本人の顔色がとても暗く感じてしまうのです。

流れてくるニュースや情報も、決して気持ちの良いものではなく、むしろ人の不安や恐れをかき立てる内容が増えた気がします。大人が不安になれば、おのずとその雰囲気は子どもたちにも伝わってしまいます。

子どもたち自らが命を絶ってしまうニュースを見聞きするたびに、世界中を見ても群を抜いてその数字が多いことに胸を痛めます。

私が学んだ「観相学」は、脳と顔と運の関係を重視した学問でした。

「人生は運であり、運は顔が支配し、顔は脳が育てる」

つまり逆をいうなら、どのような環境が「脳」を育てるのかによって、「顔」がつくられ、それが「運」を左右するとも言い換えられます。

「脳」の機能はとても複雑だと思われがちですが、その働きは実にシンプルです（「脳」に関しては第2章をご覧ください）。置かれた環境の中で察知したことをそのまま受け取り、全身の様々なところへと情報を広めます。

自分が置かれた環境があまり良くない雰囲気だったり、そこで口から発する言葉づかいが悪かったり、行動も雑になってしまうと、それが「顔」にも表れて、そのまま「運気」にも影響する関係です。

巻頭のメッセージにも書きましたが、いったん「脳」が思い込んでしまうと厄介です。そのまま顔の筋肉もこわばり、表情に出てしまいます。「運は顔が支配する」ので、私が言いたいことはおわかりいただけると思います。

「れい子先生、私はどうして〝運が悪い〟のでしょうか?」

そんな言葉を発しながら、ああでもない、こうでもないと自分の環境の話を決まり文句のように続ける方が大半ですが、はっきり言いますね。

原因は環境ではありません。「脳」の思い込みに支配されている、あなたの内面が顔に表れているだけなのです。

そろそろ支配されることを手放してみませんか?

顔には、人生だけでなく「運」そのものを一瞬にして変える力があります。

顔が変わった瞬間（ほんとうに一瞬です）、考え方や行動が変わります。

考え方や行動が変われば、「脳」のとらえ方も変化して、それがさらに顔の表情に良い影響を及ぼすという循環が生まれます。

あなたの周りの、行動力のある人を見てみてください。

いつも笑顔の方が多くありませんか？　考え方も常に前向きで明るく、声もハリがあって大きくて、その人がいるだけで場の空気感も明るさも変わってしまうような人……。そのような人に、誰でもなれるのです。

「脳」と「顔」と「運」の関係がわかっている人は、みんな知っています。

私は、そのなかでも**「開運美容家」**として、人様のお顔と向き合ってきたのです。

もう一度、書いておきます。


顔を変えれば、一瞬で考え方や行動が変わります。

笑顔は「脳」の働きに素敵な影響を与えます。

「強運」の私の運気がさらに爆上がりしたご縁

「脳」を変えるには、顔を変えるのがいちばん早い方法です。

私が伝えている「開運美容」は、ものの2分もあれば顔が整えられます。

女性は特に1日のなかで鏡をながめる機会が多いものですが（最近は、男性も鏡の前に立つ時間が増えました！）、考えてみてください。そのとき鏡に映った顔が笑顔なら、きっと心も明るくなって気持ちも高揚するでしょう。

明るい笑顔に心までウキウキ、ワクワクしてきて、人様と話すときの言葉づかいや仕草まで変わってくるはずです。

それが毎日、1か月、半年、1年と続いていくことをイメージしてみてください。

「運」だって変化しないわけがありません。

まずは顔を変えるだけでいいのです。そこから始めてくださいね。

人とのご縁……特に**「良縁」**は人生を大きく好転させてくれます。

何を隠そう、「強運」を自覚する私でさえ、「出会い運」の素晴らしさには毎回、驚かされてばかりいます。

あり得なかった人とのご縁は、さらに「出会い運」をも良き方向へと導いてくれます。誰と出会うか、どこで出会うかに意識を向けましょう。

あまり詮索するのは考えものですが、例えば、あなたが良縁だと思う人のことを考えてみてください。

そのご縁は、誰からつながりましたか？　その人をさらにつなげてくださった人はどなたでしょうか？　そのまた前、そのまた前は……。

そうやって「ご縁の元」をたどっていくと、永遠につながっていくご縁の連鎖に感謝の思いが湧きあがってくるはずです。

「大元の、あの人とのご縁がここまでつながってきたのね！」

そうやって「ご縁の元」をたどってみることも、さらに「出会い運」をみがき、高めていくエクササイズになりますから試してくださいね。

「強運」と「ご縁」はきれいに比例します。まずは、そこをしっかりと認識することです。「運」を育てていくとは、気づきの思いを深めていくことでもあるのです。

今の私が在ることも、ほんとうにたくさんのご縁の連鎖が起こしてくれた奇跡としか言いようがありません。

心が苦しくてたまらない時代もありましたし、笑顔になんてなれない体験もたくさん重ねてきました。人間関係のトラブルで悩まされたことだってあります。

でも、「開運福顔」や「開運ラッキーメイク」という美容方法を開発していくことで運が「強運」から「大開運」になり、「出会い運」も育っていって、今ではほんとうに数え切れないほどの良縁に囲まれています。

本書でお伝えする**「開運大笑い」**も、そのような良縁がつなげてくれた奇跡的な出会いから生まれたものです。

それは「第4章」の対談でもご登場いただいている、大阪府東大阪市にある「枚《ひら》岡神社《おかじんじゃ》」の中東弘《なかひがしひろし》宮司様とのご縁です。

私は中東宮司様と枚岡神社が毎年、12月に行なっている**「お笑い神事」**に初参加したとき、体に電流が走るくらいびっくりしました。

「開運福顔」と「開運ラッキーメイク」も最強の開運美容方法ですが、中東宮司様たちが伝えてくださっている「お笑い神事」の根幹に流れている思いと、枚岡神社が大切にされてきた神話の物語にこそ、強運を自分の内面から輝かせてくれる、最も素晴らしい方法だと心から共感したのでした。

いいえ、共感を飛び越えて、湧きあがってくる幸せの泉が止まらなくなるくらい感動したのでした。

「こんな体験を毎年させていただけるなんて！」

今まで私がやってきたことの再確認もできましたし、

「開運福顔」＋「開運ラッキーメイク」＋「開運お笑い」

この3つが折り重なることで、ものすごいことになるのを予見しました。

それから私がどのような行動をしたのかは、次章以降に書かせていただきました。

本書は以下のような内容で構成されています。

「第1章」では、「開運大笑い」がどのようなものなのか、その出合いも含めて知っておいてほしいこと、また私の父親が体験したことも書きました。

「第2章」では、私の原点でもある「観相学」のことを中心に、私の根っこの部分を表現しています。

「第3章」では、私やお弟子さんたちが実践している「開運福顔」そして「開運ラッキーメイク」に関してもあらためてご紹介させていただきました。

そして「第4章」では、「開運大笑い」を知ることになった枚岡神社の中東弘宮司様との貴重な対談を収録し、最後の「コラム」では2024年の12月23日に行われた「お笑い神事」に一緒に参加し、日頃からお世話になっている大嶋啓介さんが体験した「大笑い」のエピソードを寄稿していただきました。

ただ笑うだけじゃなく、内側から湧きあがってくる「笑い」が、どのような効果をもたらすのか？　そして人生がどのように好転し、幸せを仲良くなれるのかを存分に味わってください。

第1章

「開運大笑い」とは？

ずっと小さい頃から感じていたこと

きっと私は、日本でいちばん顔のことを考え、大切にしている人間だと思います。なぜなら、観相学や人相学、脳科学の関連性を40年以上も研究し、身をもってその効果を知っています。そして**「開運福顔」**が福の神を呼び込んで愛される顔だということや、顔が運を育て、生かせることを知っているからです。

そのように「顔」を大事にしてきた私が驚くような体験をするきっかけになったのが2023年の秋でした。

心から尊敬する方と電話で話をしているとき、こんな会話になりました。

「やっぱり、いろいろなことがあっても笑い飛ばすことだよね」
「笑うのがいちばんだよね」
「そうだ、れい子さん。すごい神社があるんだけど、知ってる？」
「すごい神社？」

その方が教えてくれたのが東大阪市にある**「枚岡神社」**でした。

「いいえ、知らないわ」

『お笑い神事』って言ってね、ご神事にお笑いを取り入れているのよ。とにかく20分間、笑い続けるの。数千名の人たちと一緒に。すごい迫力なのよ」

「20分間、笑い続ける!?」

すぐさまスマホで検索して公式サイトを見ました。

「これだ!!」

神社が大切にしている神話や神様の話、そして「お笑い神事」のことが書かれた画面を見ながら直感的に私は確信しました。

「私が探していたのは、これだ！」

どうして私が「これだ！」と思ったかというと、観相学を学んでから「開運美容」の探究を続けてきて、行き着いたのが「いつも笑っていること」だったのです。

まわりがどのような環境や状況であろうと常に自分の軸をしっかり持っている強さ。そのエネルギーがどこからやってくるのかを考えたとき、

「その極地は、やっぱり大笑いじゃない？」

そんなことをいつも身近にいる人たちに話していました。

「大笑い」を実践している神社があるなんて、それはびっくりしたわけです。

私は、自分が小さい頃から幼心に「笑いが大切」と思っていました。まだ物心もついていない2〜3歳の頃から、すでにどんなときも笑っていたそうです。誰かに教えてもらったわけではありません。どんなときも、いつもニコニコしていることでいろいろなことが「大丈夫」って知っていたのです。

「すべて笑っていたらなんとかなる。いいことがあるよ。笑っていると神様が来てくださる。そして、いつも私が笑顔でいると『れい子が笑ってくれると嬉しいぞ。可愛いから応援しよう』と、ご先祖様たちが応援団を組んでくださる」

どうして、そう思っていたのかはわかりません。でも、確かにいつも笑顔でいたり、いつも笑っていたりすると、見えない大きなものに包み込まれている気持ちが

湧いてきました。そのうち、

「私＋ご先祖応援団＋福の神」

この三位一体の暮らし方が私の基本的な考え方になりました。笑うことを大事にした「開運美容」に行き着いたのも必然的なことだと感じています。

「お笑い神事」と中東宮司様とのご縁

２０２３年の12月23日、初めて「お笑い神事」に参加しました。

枚岡駅に降り立つと、もうすでに笑い声が聞こえてきて驚きです。駅を降りた真ん前に神社があって鳥居も見えているのですが、コスプレ姿の人たちがすでに笑っています。誰も怒っていませんし、不安な心もない。圧巻で感動しました。

「私が求めていたのは、この世界なのよ～」

と1人で興奮していました。

せっかくだからと早めに行っていちばん前にいると、10人ほどの方たちが私のことを知っていて声をかけられました。

「どうして、ここにれい子先生がいるんですか⁉」

口々にびっくりした様子で一緒に写真を撮りましたが、その中のおひとりに私の本を読んでファンになってくれた万喜子さんという女性がいらっしゃったのです。

初めて参加した「お笑い神事」は思っていた以上に素晴らしいものでした。全身が笑いのエネルギーに包まれて、20分間の大笑いはあっという間。これまで枚岡神社が大切にされてきた神事に心が震えっぱなしでした。

私がよろこびの余韻にひたっていると、万喜子さんに呼ばれました。

「私、れい子先生の本を読んで心から共感していました。もしよろしければ中東宮司様とお会いしませんか？」

急展開に驚きながら、ふたつ返事で会わせてくださいとお願いしました。

みんなで笑うと一瞬で笑いの渦が起こります

人生には**「流れ」**があります。いつも笑っていると、ほんとうに必要なものが1秒たりとも違わないタイミングでやってきます。この「流れ」は実に正確で、必要なことならば、人のご縁でもアイデアでも必ずつなげてくれます。

私は直感的にそれを知っているので、私が尊敬する方から万喜子さんへとタイミングよくつながっていったご縁に確信を持っていました。

「この流れは、間違いない」と。

中東宮司様は、笑顔で私を迎え入れてくださいました。

たまたま名刺を切らしていたのですが、万喜子さんに渡した最後の1枚を「私はまた次回でいいですから」と宮司様に差し出してくれました。

そのときは、軽くご挨拶をしながら「お笑い神事」がほんとうに素晴らしすぎて、少し興奮気味でお礼をお伝えしたことを覚えています。

少しだけお話をしただけで、その日は失礼しました。

ところが翌日、万喜子さんから連絡があって、中東宮司様がお手紙を書きたいかられい子先生の住所を教えてください、と。

私はびっくりしながらもお伝えしましたが、日を空けずに宮司様より達筆な直筆のお手紙をいただいたのでした。

心からありがたくて、何度も何度も手紙を読み返しました。

「れい子さんには神様のお役目がありますね。あなたの活動は、神様やご先祖様がよろこばれ、世界の人々が幸せに導かれますね。弥栄、弥栄」

手紙に書かれていた丁寧な一語一語に、宮司様の優しさと器の大きな愛を感じました。なぜ、中東宮司様と枚岡神社は「笑い」を大切にされているのか。

手紙と一緒に同封されていた宮司様のご著書『鎮守の杜百話』は素晴らしい内容で、いただいてから一気に拝読しました。日頃から宮司様が大切に思われていることと……日本のこと、大和言葉のこと、食べ物のこと、感謝の心のことなど、百話に散りばめられた宮司様の感性が、文章を通して読んでいる私の心に響いてきました。

一節に、このようなことが書かれていました。

「天の岩戸開き神事」　第83話

神話の「天の岩戸開き」で神々が「祈りと踊りと笑い」によって、天照大御神が岩戸から出られたのは、何故でしょうか。

須佐男命の我儘で乱暴狼藉に堪りかねた大御神は、岩戸に入りました。世の中が暗闇となり、悪事が横行して初めて神々は、大御神の尊さに気づき、大御神に対して感謝の祈りをささげました。また光によって生かされていた時の喜びを、踊りと笑いで表現したことによって、再び高天の原が光明世界となったのです。

人間の欲望は留まるところを知らず、そこから妬みや争いが起こり、今も絶え間なく続いています。生かされていることに感謝し、他に喜びを与え、調和しようとする心（祈り）と言葉が広がれば、この世は理想の世界となるでしょう。現実の世界は、人々の心の投影だからです。

万葉集には「やまとの国は、皇神《すめがみ》のいつくしき国、言霊《ことだま》のさきはう国」、と謡われています。想念や言葉は、姿かたちを作る不可思議な地方があるので、今も言霊信仰が生きています。

また笑いは近年、免疫力を高め、元気が得られるとして、医学的にも世界中で脚光を浴びています。感謝の心と喜びの踊りと笑いがいかに大事であるかを、先人は知っていて、神話に描いたのでしょう。太古の日本人の感性の高さには驚くばかりです。（『鎮守の杜百話』より一部抜粋）

「もっとこの方から学びたい！」

このご縁を大切に育みながら、私が40年以上にわたって取り組んできた「開運美容」の本質がここにあると強く思ったのでした。顔を整えることで「運」がさらに広がっていくように、私たち人間の心の奥がみがかれる秘訣が、中東宮司様や枚岡神社の伝統の中に息づいていると感じたのです。

人はつい他人と自分を比べて、嫉妬や妬みの感情を抱いてしまいがちですが、そんな他人の目など実はどうでもいいことです。

自分自身を愛し、大切にして、とにかく内側をみがくことに思いを馳せながら、体の神秘さや不思議さに心から感謝をすること。そして自分の「運」を最大に活かさせていただき、人生を楽しんで過ごすことがお役目だと私は思います。

「大笑い」とは無邪気な心で笑うこと

私はどうしても中東宮司様から教えをいただきたくて、いろいろな方法を探していると、枚岡神社で「巫女体験研修」というのが開催されていることを知りました。さっそく申し込みをさせていただき参加したのでした。

研修の初日、私の姿を見た宮司様は、

「あっははは～、いらっしゃい。よく来てくださいました」

私もつられて大きな口を開けながら大声で笑いました。

「いいお顔ですね～。そうそう、そうやって口を大きく開けてね、無邪気に笑うことです。そうするとね、〝心の岩戸〟がパッと開いて神氣があふれてくるのです」

私はさっそく**「神笑い」**の意味を訊《たず》ねました。すると宮司様はまた大きな声で笑いながら赤ちゃんの話をしてくださいました。

「それはね、赤ちゃんのように無心になって笑うことですよ」

赤ちゃんのように邪念がなく無邪気に笑う……大人になるに従って、他人の目を気にしたり、忖度をしたり、比較したりと。無心になるどころか、その場その場で取り繕う感情が歳を重ねるたびに生まれます。

中東宮司様が、このような話をしてくださいました。

「昔の日本人が使っていた大和言葉には、一語一語に意味があります。

例えば『顕幽一如《けんゆういちにょ》』という言葉の〝顕〟とは見える世界、〝幽〟とは裏に隠れた見えない世界のことを言います。

私たちは見える世界のことだけを考えて動いてはいけません。今こそ必要なのは、見える世界の奥には見えない世界の働きがあるのを知ることです。

体の奥には見えない心の分野があり、物事はずっと細かく探究していくと、すべては必ず見えない世界へとつながっていく。臓器は細胞の寄せ集めであり、細胞は原子の寄せ集めでしょう。

私たちの体の中では、無数の微生物と共存しています。その微生物や臓器をうまく働かせるには感謝の心が大切です。

枚岡神社が、なぜ『お笑い神事』を大切にしているのか。笑いというのは感謝とよろこびの表現です。ありがたいな、嬉しいなという心になれば、いくらでも笑えます。みんなが感謝とよろこびに満ちあふれた世の中になれば、調和や和合の心が育まれていくでしょう」

中東宮司様の言葉を聞いて私は涙があふれてきました。

「神笑い」とは赤ちゃんのように無心になって笑うこと……。

私たちが赤ちゃんに戻ることはできませんが、邪気がなく無心になるとは、すなわち感謝の心で満たすことにほかならないと思うのです。自分の内面をみがくためのいちばんのポイントは、感謝とよろこびの心です。

それを忘れないことが、お伝えしたい「開運大笑い」の極意だと感じるのです。

作り笑顔で笑ったフリをするのではなく、心の奥から湧きあがってくるような、腹の底から笑える心を育てること。「お笑い神事」でいただいた1枚の紙には「笑《しょう》福《ふく》」という文字が書かれていました。私の大好きな言葉です。

笑福
子孫が笑っていると神様 ご先祖様が喜ばれてやってきます。
赤子の笑いは『神笑い』。無心に笑えば心の岩戸が開かれて
神様からいただいている神氣が蘇えり元氣になります。
笑えば人も宇宙も大調和し 神のみ心に叶った世がやってきます。
毎年十二月二十三日午前十時より、枚岡神社お笑い神事を斎行しております。
みんなで思いっきり笑いましょう。

河内国一の宮　枚岡神社

神様の愛のはからいを感じながら

少し脱線した話になりますが、私はヨガを教えながら**「骨盤底筋《こつばんていきん》」**のことを女性に伝えてきました。骨盤底筋とは、骨盤の底にある筋肉の総称で、膀胱や子宮、直腸などの臓器を支え、尿道や肛門を絞める役割を担っています。

女性には**「膣《ちつ》」**という男性よりもひとつ多く穴があって、胎児が通ってくる穴ですが、同時にふさぐことができない穴でもありますから、骨盤底筋の組織が弱くなってしまうと子宮や膀胱や直腸などが膣の穴から外に出る現象が起こってしまいます（これを「臓器脱」といいます）。

私は骨盤底筋のことをもっと知りたくて、ある一時期、産婦人科医の弟子になって解剖学や底筋のことを勉強したり、理学療法士のもとを訪ねたりしました。

あまり世間では問題視されていないことですが、私は長年ヨガをやってきたことから、女性にとってはヘタをすると大手術になりかねない現象なのを知っていました。調べれば調べるほど、筋肉の世界は奥が深いのです。

女性の臓器を守るために、どれくらいの筋肉と筋肉が重なり合いながら守ってくれているか。調べながら涙があふれてきたこともありました。

神様の技というか、**愛のはからい**ですよね。どういう経緯で、どういう仕組みで骨盤底筋をつくってくださったのか。とても神秘的な構造です。

この筋肉を鍛えるには、腕や胸のように、まさかダンベルを使って鍛えるわけにはいきませんから意図的に独自の鍛え方を実践するしかありません。

なぜ、骨盤底筋の話をしたかというと、「笑顔」で使う筋肉もまったく同じなのです。自分で意識しながら「笑う」ことをしたり、「開運福顔」のように自分で整えたりするしか方法はありません。笑わないと鍛えられない筋肉なのです。

本書の巻末に、株式会社てっぺん取締役会長の大嶋啓介さんがコラムの原稿を寄稿してくださいましたが（Ｐ１５５）、啓介さんも若い頃は、とにかく真顔が笑顔の自分になりたくて、毎日笑顔の練習をしていたそうです。

それが功を成したのか、いつ、どんなときに会っても満面の笑顔いっぱいでみんなを元気にさせてくれます。啓介さんが部屋に入ってきただけで、場の空気感が一気に変わるほどです。やはり笑顔の力はすごいです！

中東宮司様が話されていた「顕幽一如」のように、見える世界の奥にある見えない世界の働きに想いを馳せることも感謝やよろこびの心を養うため必要なことだと私は思っています。

そう考えると、私たちはまだまだ知らないことばかりです。

もっと感性をみがきながら、いつも「神笑い」ができる自分になりましょう。

中東宮司様を囲んで。みんな笑顔で輝いています。

「大笑い」で天に還った父のこと

「開運大笑い」について本を書こうと決めたとき、どうしてもふれておきたかったのが私の父のことでした。２０２４年8月15日、天に還って行った父は99・5歳の生涯でした。

晩年の生き方は、それは陽気で明るくて、最期まで笑い続けていたのです。

公務員だった父は58歳のとき、今でいう定年退職前の早期退職でリタイアしました。母や私たち娘2人を養うために、ずっと同じ職場で頑張ってきた父ですが、きっとやりたかったことがいっぱいあったのでしょう。

早期退職したあとは、一度も働かず、一銭も稼がない生活を選びました。年金と貯金だけで生きていく決心は、とても勇気がいったと思います。

とにかくやりたいことをやるんだと、普通のおじさんになると言って、絵を描いたり、アルゼンチンタンゴを習ったり。「やりたいことは全部やる。我慢をせずにストレスは溜《た》めない」のが信条だったようです。

「陽気な暮らしで、ご機嫌に生きる」

それが父のテーマだと言っていました。

好きな食べ物も偏っていました。野菜はほとんど食べないで、とんかつやステーキ、いちばん大好きな鰻がお気に入り。お酒はひと月に五升を楽しみ、ワインもいっぱい呑んでいました。日本酒が好きだったのでお肌がとてもきれいな人でした。

明るい絵を描く父の作品は、欲しい人には無償でプレゼントしていて、私が個展を段取りしても作品は売らずにあげてしまってばかり。それでもいつも笑顔で生きていました。言葉が話せなくてもスケッチブックを片手に海外まで絵を描きに行ったり、アルゼンチンタンゴを習うためアルゼンチンにまで足を運んだり。

陽気で豪快で粋な父が、私は大好きでした。

歳を重ねていくたびに、病院のお世話にもなりましたが、それでも生きることだけにワクワクしている父でしたので、

「なんで俺がここにいなきゃいけないんだ。時間がもったいない」

まだ体に管が入っているのに、今にも家に帰ろうとするやんちゃな一面もありました。きっと後悔したくなかったんだと思います。やりたいと思ったことは全部やってみる。行きたいところにもなるべくなら行くと決めていました。

検査結果にお医者さんもびっくり！

こんなこともありました。ある日、父に血液のがんが見つかって2週間後から抗がん剤治療をすることになりました。治療のために脂っこいものやお酒はやめてくださいと、お医者さんからの忠告です。ふたたび数値を見てから治療を開始しましょう、となりました。

病院へ行くときはできるかぎり私が付き添いましたが、都合のいいときだけ耳を

閉じるんですね。食べ物で控えてほしいものを告げると、

「そんなのうるさい」

と耳を閉じます。「好きなものを好きなときに食べる」と相変わらずとんかつを食べて、お酒も呑んでいました。

ところが、２週間後に行院へ行くと不思議なことが起こったのです。

検査を受けたあと、先生が慌てた顔で、

「何をしましたか？」

と聞いてきました。てっきり食生活やお酒のことを問われると思って正直に、

「あのぉ……すみません。実はお酒はやめられずがんがん呑んでしまいまして、とんかつも食べました……数値が悪いんですか？」

恐る恐る訊ねてみると、しかめ面の先生が怪訝そうに言います。

「いやぁ……がんがね、ないんですよ」

「えっ？」

「こんな患者さんは初めてですね。お父さん、明るいでしょう？　あなたも明るいですよね？」

「いやぁ、それはもう明るいですね」
「あなたがいらっしゃるとね、病院内が明るくなるんですよ。娘さんがそうなら、きっとお父さんも明るい方でしょうし。明るい親子でよかったですね。どうぞお帰りください」

私は何だか笑えてきちゃって、「良かった、良かった」と2人で家路につきました。やっぱりいつも笑って陽気に暮らしていると、体もそれに反応してくれます。顔が明るいってことは、脳も明るいってことだから、そのときは何があっても大丈夫だって、妙な確信を持ちました。

父が亡くなる2か月ほど前も、酔っ払ってふ〜って眠くなったとたんに椅子から落っこちて。頭から落ちたものですから骨が見えるくらいに頭が割れて、けっこうな量で流血しました。慌てて救急車を呼んで病院まで運びました。

病院に着いて脳波を検査してもまったく異常なし。ホッチキスのような器具でパンパンと患部を接合したあと、
「大丈夫そうだからお帰りください」

と簡単に言われました。

「えーーっ？　待って！　こんなにぱっか〜んってなっているのに今日くらい入院させてくれませんか。大事な脳なので」

そうお願いしても「いや、大丈夫ですから」と。

1週間後、検査に行ってみると、

「いやぁ、見事ですね。もう、くっついていますよ。若いですね」

冗談のような話ですが、これまで何度も死にかけている父はいつも何かに守られているように生き永らえてきました。そのときの頭部は腫れもひどくて心配しましたが、回復も早くて、脳波もやはり異常なし。信じられないことばかりが続いたのでした。

息子もさすがにびっくりしていて、

「これは、ありえないね。すげえな、じいちゃん。やっぱり宇宙人だよ」

と家族中が驚く一幕もありました。

毎日、必ず新聞を見ながら、ほしい本があれば父も母も私に頼んできて、2人で読書を楽しむ一面もありました。読みながら「これぞ」と思う言葉を拾ってはメモに書き残していたので、ものすごい量のメモが残っています。自分の生き方に励まされる言葉を書いて、読み返しながらワクワクしていたのでしょう。

とにかく顔も脳もいつも明るい生き方を実践していました。

「ありがとう。いい子が子どもで幸せだった」

陽気で明るく、気丈夫に生きてきた父でしたが、入院していよいよ自分の最期を感じていたのでしょう。急に「あっははは〜」と笑い出したので私たち家族もびっくりしました。

目をつぶって笑っている姿を見ていると、楽しかった記憶を走馬灯のように思い出している気がしました。父には思い出す体験が山ほどあったと思います。なんせ退職してからは好きなことしかやってこなかった父です。きっと、一つひとつを丁寧に思い出しながら、自分の人生を振り返っていたのでしょう。

とても可愛らしい笑いでした。楽しそうによろこんでいる顔でした。

家族全員、一人ひとりに「ありがとう」を繰り返すことがありました。

「ありがとう、ありがとう、ありがとう、ありがとう……」

思わず私も、

「お父さん、ありがとう。私、お父さんの子どもでね、ほんとうに幸せだった。ありがとうね」

そう言ったところ、しっかりした声で、

「いや、お父さんもれい子が子どもでほんとうに幸せだったよ。ありがとう」

体に管が入っていたので、体をゆるくベルトで締めていたのですが、それを外してくれ、と。「ベルトを外すと点滴が外れちゃうから」と言っても、とにかく外してくれと。

「握手をしたいから……」

私が手を差し出すと、ものすごい握力でギュッと。とんでもなく力強い握手をしながら、その手を大きく振るのです。まるで命をバトンタッチするみたいに。亡くなる2日前、家族全員と「ありがとう」の握手をしました。

もう食事も摂れない状態だったので、体力も低下していて話したり、力を振り絞ったりするのも容易ではありません。それでも父は父なりの方法で、家族に「さようなら」を言ってくれた気がします。

「お父様が動きました」と葬儀屋さんが言った

父は、ほんとうに最期の最期まで家族を驚かせながら大往生を楽しんだと思います。8月15日に亡くなって、1週間後にお通屋とお葬式を行いました。

お葬式の朝、私たちが会場に行くと、葬儀屋のベテランスタッフさんが私のところに近寄ってきて、真顔で教えてくれたのでした。

「お父様が動きました」

私はほんとうにびっくりして訊ねました。

「ええっ？　まさか生き返ったんですか？」

さすがにそれはないだろうとは思いましたが念のために、

「1週間経って、それに凍凍されているからあり得ないとは思いますが……生き返ったんですか？」

「いや、生き返ったわけではありません。ただ、私は40年間、葬儀屋の仕事に携わっていますが、こんな体験はしたことがありません」

「いったい何があったのですか？」

「首がね、動いているんですよ。私も初めてのことで……」

確かに1週間前とは首の位置が変わっていました。

「たまにはあるらしいのですが……」

「どういうことですか？」

「100歳近くまで生きるっていうのは、普通の方ではないそうで、生きる生命力が半端なくて、魂が強いらしいのです」

私も初めて聞く話なのでびっくりしました。

実は、中東宮司様にこの話を聞いていただいたところ、

「それは、すごいことだね。ほんとうにすごい！」

やはり驚かれていました。

「理想的な死に方ではないでしょうか。まさしく大往生ですね」

嬉しいお言葉をいただきました。

人の死に様には、その方が大切に実践されてきた生き様が表れると聞いたことがあります。晩年の父はいつも自分に正直で、陽気で明るくて、今思えばいつも神笑いの毎日だったような気がします。

そのような姿をずっと見せてくれていた父には心から感謝しています。

父が伝えてくれたことを私も心がけていきたいと思っています。

光を届ける人になる

「開運大笑い」はいかがでしたか？　どうして笑うことが大切なのか、私の体験から感じていただけたと思います。

私が日頃から大変お世話になっているおひとりに、開運マスターの櫻庭露樹《さくらばつゆき》さんがいらっしゃいます。みんなからは「大王」のニックネームで親しまれています。櫻庭大王のすごいところは、その人の才能を瞬時に見抜き、それを大勢の人たちに向けて紹介することの早さです。

私たちの間では「大王ファミリー」と呼んでいて、アーティストの物部彩花《もののべあやか》さんや「思考の学校」の宮増侑嬉《みやますゆき》さん、開運アドバイザーの崔燎平《さいりょうへい》さん、ソウルサーファーの香取貴信《かとりたかのぶ》さんもいます。

YouTubeの世界で人気が爆上がりしている小野マッチスタイル邪兄さんも、櫻庭大王と一緒に組んで仕事を始めてから才能が開花した1人です。

これからの時代は、1人のヒーローやヒロインが中心で物事が動いていくスタイルではなく、一人ひとりが潜在的に持っている能力を表現しながら、まるでチームを組むようにみんなで動いていく時代になると私は感じています。

愛を持って、いろいろなことを助け合いながら、みんなで運を爆上げしながら幸せになっていくのがスタンダードになるでしょう。

そんな櫻庭大王は、私を称して面白いことを言ってくれました。

「れい子先生はね、まるで天照大神様のように、みんなに光を分け届けられるお役目の人です。だから**『アマテラス女神』**ですね〜。どんどん光を放ってください」

アマテラス女神……さすがは櫻庭大王です。

私は「開運大笑い」と共に、笑顔で笑いがあふれる人たちを増やしていきたいです。そして、そのきっかけを与えてくださった枚岡神社の存在を日本中のみならず世界にお伝えしていきたい思いでいっぱいです。

赤ちゃんのような無心の「開運大笑い」は今からすぐに実践できる開運法です。

ぜひ、実践してください。

第2章

お顔のひみつ

運を支配するのは「顔」である

この章では、私が長年研究し、さまざまな実践から「開運」の方法にたどり着いた**「お顔のひみつ」**についてお伝えしたいと思います。

「顔」の世界はほんとうに奥深くて、40年以上の時間を費やしてきた私でも、お顔と脳、そして運との関係性は、まだまだ探求しつづけたいと感じるほどです。

私が理事長を務める「日本開運学協会」では、「運のいい顔」「運気が上がって人生がどんどん良くなっていく顔」のことを、次のように提唱しています。

「開運福顔」

私はこれまでに2万人上の方々のお顔を鑑定し、**「開運福顔」**で人生を好転させしてきました。年齢や性別、境遇などは問わず、たくさんの方々に「大開運」を体験していただいてきたのです。

私が幼少期から「笑うこと」を大切にしてきたのは前章でもふれましたが、本格的に顔に関心を持ち始めたのは18歳の頃。ちょうど思春期を過ぎて、これから自分の人生をどう生きるのか、考え始めたときでした。

それまでの私は、とにかく自分に自信が持てませんでした。

「笑っていれば大丈夫」

とは思っていたものの、子ども時代は肌の色も悪く、黒皮症という色素が沈着してしまう皮膚の病気もあったので、肌がきれいで明るい人に憧れました。

本屋さんで初めて購入した「人相」に関する本は、パッと光がさすのを感じるほど人生を変える1冊となります。

それまでの私がコンプレックスに感じていた顔の部分……肉厚で小鼻がしっかりしているのは鼻や財運に恵まれ、まわりに助けられる。大きな目は直感力に優れ、目上の人から引き立てられる……そのような内容を読んで、自分の顔が好きになってきました。

子どもの頃からいつも笑っていたおかげで、鼻が広がって小鼻が張ったことも、「人相学」の観点からすれば開運につながっている！　そこから美容の道に進む目標が芽生えました。


その後、美容の世界と関わりながら運命的に出合ったのが**「観相学」**という学問でした。観相学とは、顔立ちや表情から、その人の性格や才能、運を判定するものです。古くは5〜6世紀に活躍し、中国の禅宗を開祖した達磨大師《だるまたいし》の教えを大切にしています。

今のようにコンピューターや人工知能などなかった時代、人の顔から性格や運を統計化していくには、かなりの実例を積み重ねたことが伺えます。

達磨大師は次のような名言を残しています。


「肉体は脳の影、現象は心の所見」

なかなか深い言葉ですよね。その悟りから伝えられたのは、

「人間の肉体はすべて脳の管理下にあり、その現象は脳が生み落とした心、その支配下にある哲理こそが〝顔と運の因果〟の追求には欠かせない」

という教えです。

私が学んだ観相学の師・藤木《ふじき》相元《そうげん》先生も達磨大師の教えを大切にしながら、

「人生を左右するのは『運』であり、その運を支配するのが『顔』である。そしてその顔を作り上げるのは『脳』である」

とおっしゃっていました。それは、今までに私が確信してきた「顔が変わると脳が変わり、脳が変わると顔も変わる」という考え方と一致しています。

私は観相学に夢中になりました。それは美容という枠を超えて、人間の一生の中で「運」や「幸せ」が「顔」や「脳」とどのように関係していくのか？　人間学にもつながっていく奥深い世界だからです。

人の顔も10人いれば、10人それぞれが違う顔です。同じように人生も一人ひとりが違っています。そのような違いがある中で、お顔を整えたり、メイクをしたりす

るだけで運勢が好転するひみつをもっと知りたくなりました。

達磨大師や藤木先生が伝えていた「顔」と「脳」の関係を徹底的に調べたのです。

「顔」と「脳」は同じ細胞からつくられている

「皮脳同根《ひのうどうこん》」という言葉をご存知でしょうか？

これは「皮膚と脳は根源が同じ」という意味です。

少し医学的な話になりますが、「顔」と「脳」の関係を知るためにも、また**「開運大笑い」**にとって大切な〝**感謝とよろこびの心**〟を感じるうえでも、ふだんは目に見えない人間の体の神秘を知っておいてください。

女性が妊娠した初期の頃、受精卵が分裂を始めた初期段階で「内胚葉《ないはいよう》」「中《ちゅう》胚葉」「外《がい》胚葉」と呼ばれる3つの層に分かれます。

これら3つの層がそれぞれに体の部分をつくっていくのです。

◎**「内胚葉」**……消化管や呼吸器、尿路などの器官を形成する組織
◎**「中胚葉」**……骨格や筋肉、循環器、生殖器などを形成する組織
◎**「外胚葉」**……皮膚（顔）や神経（脳）、感覚器などを形成する組織

面白いですよね。ひとつの受精卵が3つに分かれて、それぞれが体をつくっていく役割を担うのです。「顔」と「脳」が同じ外胚葉から分裂していくのも興味深いものです。観相学が説いている教えも納得がいきました。

アロマなどの香りと共に、皮膚に触れてマッサージをすることが精神の安定につながることも頷けます。握手をしたり、ハグをしたりすることで気持ちが落ち着くのも皮膚と脳が同じ細胞から成り立っていることが理由です。

こうやって「顔」と「脳」が同じ細胞腫からつながっていた事実を知ることで、脳が変わると顔が変わり、顔が変わると脳が変わる、その理由がおわかりいただけたと思います。

「脳」に支配されない生き方

「脳」は思い込みの天才です。

いったん「脳」にインプットされた情報は、なかなか書き換えられません。

例えば、鏡がいちばんわかりやすい。毎日4～5回は鏡を見る機会があると思いますが、そのとき、どんな気持ちで自分の顔を眺めていますか？

「ああ、今日も何だか疲れているなぁ」

「うんざり。見たくもない」

「私って、ほんとブサいく」

「もっときれいになりたいなぁ」

もし、そのような気持ちで自分の顔を見ていたなら、今すぐやめてください。それが脳にも伝わって、

「私は疲れている」

「見たくもない顔」

「私はブサいく」

「私はきれいじゃない」

脳はそんな判断をしてしまい、それが人格にもなるからです。


「言葉」も同じことです。

「幸せになりたいなぁ　↓私は幸せじゃない」

「もっとお金が欲しいなぁ　↓私はお金を持っていない人間」

「何をやってもダメだなぁ　↓私はダメな人間」

言葉の力も大きなものです。よく神社に行って願いごとをする人は多いですが、あの行為も気をつけないと無意識に自分をマイナスなイメージで固めてしまうことになりがちです。神社は願いごとをしに行く場所ではありません。


人間は反復に弱い生き物です。何度も同じ感情になったり、何度も同じ言葉をくり返したりしていると、素早く脳が思い込みを始めます。それが一気に顔に出てしまうのです。なぜか？　顔と脳は同じ細胞から生まれているからです。

先ほどの鏡じゃないですが、毎回鏡に映った自分の顔にマイナスな感情を抱いていると、またたく間に強烈なインプットが起こります。

そして負のスパイラルが生まれるのです。

脳の思い込みスイッチが入ってしまうと早いですよ。

一気に元気がなくなったり、老け込んでしまったり、やたらとため息をつくようになったり、それは行動にも顕著に現れます。

もし、子育て真っ最中の方がいらしたら、お子さんにかける言葉には最善の注意をはらってくださいね。

「どうしてできないの！」

「まったくダメな子ね！」

「もっと早くしなさい。遅いんだから！」

口グセのようにマイナスな言葉の波長を反復していたなら、言われた子どもの脳はそのままを受け止めて人格をつくってしまうようになります。

人間の脳には、約１００億個〜１０００億個の神経細胞（ニューロン）が存在しているると言われています。脳の神経細胞は胎児期に細胞分裂によって増殖します。生まれたあとに新しい神経細胞は生まれませんが、幼児期を過ぎると細胞の数はほぼ一定に保たれるようになるのです。

脳科学の情報によると、３歳までに80％、６歳までに90％、12歳頃に１００％完成するそうです。

子ども時代に何をインプットするのかは、ほんとうに大切です。

悩みますよね。何を隠そう私自身、子育て真っ最中のときはそのような情報を知らなかったので、自分も気づかなかった習慣が子どもに影響を与えてしまったかもしれません。

これは何も子ども時代だけに当てはまるものではありません。

大人になってからも家庭で、職場で、家族や友人知人、恋人同士でさえ、つまり人間関係ではすべての場面で生じることなのです。

いったい私たちは、どのような思いで自分や、自分以外の人と接していけばいいのでしょうか？　わからなくなる人もいると思います。

私はわかりました。

いろいろな研究を通して、２万人以上のお顔鑑定をしてきて、「開運福顔」「開運ラッキーメイク」そして本書のテーマ「開運大笑い」を実践してきて、やっとわかったのです。それは……、

愛

愛がすべてなのです。

愛がある思いか？
愛がある言葉か？
愛がある行動か？

脳が受け取ってしまうマイナスなものはすべて、愛が壊れている結果から生まれています。すべてに愛の心、愛の気持ちを持って行動していれば、脳が思い込むこともありません。

思い込みって、それがイコール「性格」になるのです。そして性格が「人格」になります。日本に帰国するとみんな顔が暗く見えると言っていた私の友人の感想はあながち間違ってはいません。

今、私たちのまわりに愛はありますか？　愛を感じる毎日でしょうか？

私が中東弘宮司様や枚岡神社の実践していることが大好きな理由は、すべてに愛があるからです。自然にも、伝統にも、人にも、すべてにおいて**「感謝とよろこびの心」**という愛があふれているからなのです。

思い込みにあふれた脳に支配されないでください。

まずはお顔を整えて、お顔を明るく光らせて、脳の情報を書き換えてみることをおすすめします。

顔と運もしっかりつながっています

「顔」と「脳」の関係性がわかったところで、今度は「顔」と**「運」**のつながりを知ってほしいと思います。

ほとんどの人は**「顔が運を左右している」**ことを知りません。

そんなこと人生で考えたことがない人もいらっしゃるでしょう。

話の視点を変えて、あなたのまわりにも「あの人は運がいいなぁ」と感じる人が1人くらいいるはずです。その人のことを観察してみてほしいのです。

顔の表情、立ち居振る舞い、言葉づかい。

そして、その人のまわりにどんな人たちがいるのかも、もし見られるなら観察してください。

私のまわりには強運な人たちばかりが集まっています。性別も年齢もやっていることさえお互いにバラバラですが、共通していることがたくさんあるのです。

まず、いちばん声を大にして言えるのが、皆さんとてもいいお顔をされていることです。いつも笑顔があふれているのは言うまでもありませんが、その笑顔がその人のまわりにいる人たちにも伝わって、一瞬で場が明るくなるのも特徴です。

そして、皆さんとても遊び心がいっぱいです。仕事をするときは誰よりも集中して自分がやるべきことはしっかり実行しますが、いざ遊びになると童心に帰ったように楽しみます。そのときもやはり笑いにあふれているのです。

誰も自分の口から「私は運がいい」なんて言いませんが、どこから見てもその人が強運の持ち主なのは一目瞭然。特に私はお顔のプロフェッショナルですから、その人のお顔と運の関係がひと目でわかるのです。

強運を持っている人のお顔は、いつも光っているものです。

そもそも「運」とは何でしょうか？

「運」という言葉の語源は中国語から発していて「動き」や「流れ」を意味しています。日本では昔から宿命や運命とつながっていると考えられてきました。

「運」という字を使った漢字もたくさんありますよね。

・金運　・勝負運　・仕事運　・恋愛運　・健康運
・運勢　・好運　・幸運　・運気　・運動

開運アドバイザーとして大人気の崔燎平さんは、

「運とは、良いとか悪いで表現されるものではなく、上がったり下がったりというのが正しい言い方です。日頃から自分で育て、使えるときに使えるかどうかがポイントです」

そのようなことをおっしゃっていました。

「運は、人の力ではどうしようもないもの」と言う人もいますが、私はそうは思いません。崔さんがおっしゃったとおり、自分で育てる気持ちで運と向き合い、使うべきときに使えるものだと私も思います。

「宿命」と「運命」という言葉も、ときに間違って解釈されているような気がします。確かに「宿命」を変えることは難しいと思います。自分が生まれた日時や場所は変えることができません。

親を選んで生まれてくるかどうかの議論はあるにせよ、産んでくれた両親を変えることもできないでしょう。

ただし、運命や運勢は変えられるものです。現に、私の「開運福顔」や「開運ラッキーメイク」でお顔を整えた方で、信じられないくらい運命や運勢を好転させた人は数えきれないくらいいます。

やはり運命や運勢を決めているのは**「脳」**だと言えます。

その人の人格や性格は、ほとんどが脳の思い込みを中心に形成されています。

そのような「脳」と「顔」はつながっているので、これまでに解説してきたとおり、顔にも運が現れるのです。

観相学には「12宮」と呼ばれる、運勢や運気を示すポイントがあります。

まずは次のページの解説と図を見てください

【12宮が示す運勢】

①官禄宮《かんろくぐう》（額の中央）……出世、社会、仕事、地位
②命宮《めいぐう》（眉間）……願望達成、健康、生活力、精神力
③遷移宮《せんいぐう》（こめかみと髪の生え際付近）……旅行、引っ越し、出張
④兄弟宮《きょうだいぐう》（眉毛）……寿命、家系、きょうだい、生命、才能
⑤福徳宮《ふくとくぐう》（眉の上部部分）……金運、財運、商売
⑥妻妾宮《さいしょうぐう》（左右の目尻）……夫婦、情事、結婚
⑦田宅宮《でんたくぐう》（目と上まぶた全体）……不動産、愛情、人気、家族
⑧男女宮《だんじょぐう》（涙袋）……子宝、性生活、子宮、男性器
⑨失厄宮《しつやくぐう》（鼻筋）……健康
⑩財帛宮《ざいばくぐう》（鼻の頭と小鼻）……金運、財運
⑪奴僕宮《どぼくぐう》（ほうれい線の下部一帯）……部下、晩年、家族、住居
⑫相貌宮《そうぼうぐう》（顔全体）……全般的な運勢、健康運、人格、人柄

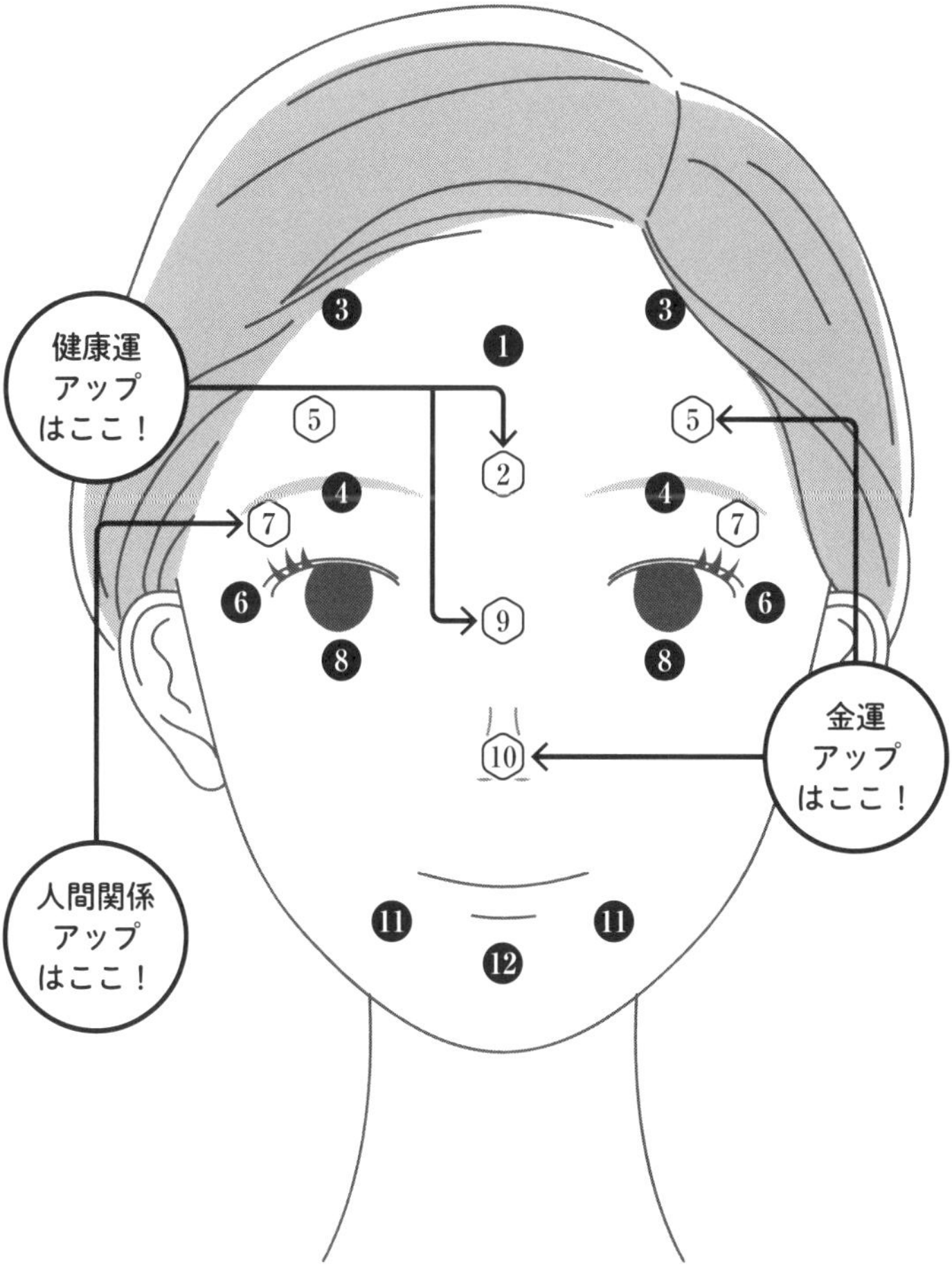

❶官禄宮《かんろくぐう》
②命宮《めいぐう》
❸遷移宮《せんいぐう》
❹兄弟宮《きょうだいぐう》

⑤福徳宮《ふくとくぐう》
❻妻妾宮《さいしょうぐう》
⑦田宅宮《でんたくぐう》
❽男女宮《だんじょぐう》

⑨失厄宮《しつやくぐう》
⑩財帛宮《ざいはくぐう》
⓫奴僕宮《どぼくぐう》
⓬相貌宮《そうぼうぐう》

観相学では、顔を12のエリアに分けて鑑定します。

家と同じように、顔の中に「運のお部屋」が12部屋あると思ってください。

皆さんが住んでいるお家でも、例えば玄関がきれいじゃないって気分がすっきりしませんよね。玄関は金運のみならずすべての運気の入り口です。きれいに整えておくのが開運には欠かせません。

それと同じ発想が**「顔の12宮」**なのです。そこがくすんでいたり、色ツヤや血色、肌荒れ、シミやホクロがあるならケアしてくださいね。

運勢とは「運の勢いのこと」であり、その人がどうなっていくのかの未来の運を示します。つまり、12宮を観ることで、その人の未来の運が見えてくるのです。

私の経験では、12宮には**「これから2か月後」**くらいの運勢や運気が現れます。


前ページのイラストを見ながら、あなたのお顔の12宮がどこにあるのかを探してみましょう。

金運なら「福徳宮」と「財帛宮」、健康運なら「命宮」と「疾厄宮」、家族や友人などとの人間関係をよくしたいなら「田宅宮」が重要です。年齢を重ねると大切になるのが、晩年の運が宿る「奴僕宮」です。

例えば、「奴僕宮《どぼくぐう》」（ほうれい線の下部一体）のところに影ができてしまうと未来運に影響が出たりします。毛穴が詰まっていたり汚れていたりしたら、まずはクレンジングや洗顔できれいにします。

そして、クリームを使ってマッサージしながらツヤを出す。さらに、明るい色のメイクを施して輝かせましょう。毎日の実践を積み重ねることから「開運福顔」が誕生するのです。

第1章でふれた骨盤底筋と同じように、自分でケアする方法しかありません。


実際の私のお顔鑑定では、もともとその人が持っているご自分の運を知り、運を開いてから、それを強みとして現在と未来を迎えるためにさせていただいています。

たまにいらっしゃるんです。「私は鬱《うつ》で苦しんでいます」と言うのでお顔鑑定をさせていただくと、しっかりご先祖様に守られていて、本人が自分で感じている自己評価と運の本質がまったく違っている場合があります。

「あなたは、ほんとうに鬱ですか？」

「はい、もうずっと鬱に悩まされています」

でも、私の鑑定ではそうは出ていません。一発で脳の思い込みだとわかりました。脳が「私は鬱である」と思い込んだそのままを自分で受け入れてしまっているのです。こんな不自由なことはありません。実にもったいないことです。

同じように、本来持っている良運に気づかず、脳の思い込みが前提で生きている人も少なくありません。

なので私のお顔鑑定では、その人が持っているもともとの「運」について、もっと良くなるためのアドバイスを心がけています。その人の「運」がますますひらけてくることが大前提なのです。

12宮を観るときのポイントで大切なのは次のことです。

◎ツヤがあって光っていること

◎血色が良くて明るいこと

◎くすんでいないこと

「開運福顔」とは、運を呼び込む顔のことを言います。

目指したいのは、福を呼び込み、幸運の神様に愛されるお顔なのです。

みんなが大好きな「金運」と「財運」のこと

「金運」や「財運」のことは、誰もが気になる運です。

ところが「金運」と「財運」ではまったく違うことを知らない人は多いものです。

「金運」というのは、お金が入ってくると同時にお金が回る運ですね。なかなかお金が回らないから、みんなこの運をほしがります。

ところが「財運」は違う運なのです。これは貯蓄のほうですから、貯まっていく運なのです。

回していくのか、貯めていくのかでは目的が違いますよね。

ところが、では「金運」と「財運」だけがあれば良いかといえば、違うんですね。何が必要かわかりますか？

それは**「愛情運」**です。12宮でいうなら目と上まぶた全体の「田宅宮」。ここがしっかり整っていて、眉の上部付近にある「福徳宮」や鼻の頭と小鼻の「財帛宮」もきれいに明るかったら、開運になるでしょう。

「愛情運」とは何かというと**「人からの愛情で運を開く」**ことなんですね。「みんなが愛をもって、やっぱりいろいろなことを助けてくれる」ことが愛情運なのです。

特に金運をしっかりと育てたいなら、まずはお顔をきれいにすることを心がけてください。そして洗っておしまいではなく、洗顔後も化粧水やクリームなどで保湿もお忘れなく。

それらのことを表現した私の言葉がこれです。

育運

運を育てる。育てた運を必要なときに使う。

運は、もともと先天的に備わっているもので変わらない……そう信じ込んでいる人が意外と多いのですが、そんなことはありません。

自分の運は、自分で育てることができるのです。どんどん育ててください。

「開運」と聞くと、すぐにお参りに行ったり、開運グッズを買ったりしてしまう人もいますが、もっと内側・内面を整えてください。

「感謝とよろこびの心」を大切にしながら、優しい心、穏やかな心、清らかな心を育てるように大事にしてください。

そうすることが「金運」「財運」のみならず、すべての運が開いていくことでしょう。難しいことではありません。すべて自分1人でできることなのです。

いつも身近にいる「ご先祖応援団」

見えないものに心を寄せる、思いを馳せる……これは「感謝の心」ともつながっています。本書の第4章に中東宮司様との対談を掲載していますが、そこでも私たちをいつも見守ってくださっている「ご先祖様」について語り合ったくだりがありますのでご覧ください。

小さな頃からいつも笑っていた私は、ずっとご先祖様という存在を感じながら生きてきました。

「私＋ご先祖応援団＋福の神」

この気持ちですね。私とご先祖様と福の神様……三位一体の考え方や暮らし方が、私にはとても心に馴染むのです。

お顔鑑定をさせていただきながら、その人のお顔、特に各部分のパーツを見ることで、どのようなご先祖様が応援してくださっているのがわかります。観相学が伝統と歴史のある統計学だからこそできることだと思っています。

考えてみてください。あなたを産んでくれたご両親がいて、そのご両親にもそれぞれに親がいる。そのまた上にも、その上にも……。

紙とペンを用意して、実際に書いてみてください。

1代目は両親の2人。2代目は両親それぞれに父と母がいるので4人。

どうですか？　すでに6人のご先祖様からたくさんのものをいただいています。

もちろん、それだけではありません。

3代目は8人。4代目は16人。5代目は32人。

20代目までさかのぼると、なんと100万人を超えてしまうのです。

だいたい200万人ほどのご先祖様が存在しています。

連綿と続いてきた命のバトンリレーに感動すら覚えます。

当然ですが、途中の誰一人が欠けても私は生まれてこなかったのが事実です。

無数のご先祖様たちの思いや生き様は、遺伝子に刻まれながら確実に受け継がれているのです。

これは現代の生命科学の領域でも明らかにされていることなのです。

いろいろな方がいらっしゃったことでしょう。自分勝手に生きた人もいれば、いつも誰かのためを思いながら生き抜いた人もいたはずです。

それでも一説によると、世界中の全人類の遺伝子を「ギュッ」とひとつにまとめても、その大きさはお米ひと粒にも満たない話を聞いたことがあります。

なんというミクロの世界。想像力が及ばない世界です。

そんな途方もない数のご先祖様から私はこの顔をいただいたことになります。

そう考えると、私は自分の顔が尊く、愛おしい気持ちが湧いてきました。

これこそが私がいう**「ご先祖応援団」**なのです。

私の鑑定を受けてくださった方には、どんな運をお持ちで、どう自分で育てていけば良いのかをお伝えすると同時に、どのようなご先祖様があなたの応援団になっているのかもお話しさせていただきます。

そうやって大勢のご先祖様に思いを馳せて感謝すると共に、ご自分のもとも大切にしながら愛していただきたいのです。顔はもちろんのこと、ここに存在しているすべてを愛してください。そして、感謝とよろこびの心で毎日を明るく、楽しく生きていただきたいのです。

ご先祖様たちがいちばんよろこばれるのは、子孫が元気で仲良くこの世に生きていることなのです。あなたを応援してくれているすべてのご先祖様たちがそれを願っています。だからこそ、全力であなたを応援してくれるのです。

そのことを忘れないでくださいね。

もっと「私」を愛してあげてください

自分に自信がもてない人が多い世の中です。

これは特定の世代に起きているのではなく、どの世代にも生じている現象で、自己肯定感の低さでは先進国の中でも群を抜いています。お顔鑑定のお客様にも、そのような悩みを打ち明ける人は少なくありません。

「自分に自信がもてません」
「どうしても自分が好きになれません」

その原因を私がひと言で語ることはできませんが、自分を大切に扱い、愛する方法なら伝えられます。**「開運福顔」**や本書のテーマ**「開運大笑い」**が大事にしている**「感謝とよろこびの心」**に答えが隠されています。

「感謝」とは、誰に、どのような気持ちになることなのでしょうか？

まずは、先ほどもふれたご先祖様への思いです。途切れることなくつながってきた命の連鎖があったからこそ、私はここにいることができています。

産んでくれた両親への感謝。大元である両親には心から感謝をしたい気持ちです。

体への感謝も忘れたくないですね。骨盤底筋や、顔と脳の細胞が同じであるというくだりでも書きましたが、神様の愛のはからいには感動の思いが消えません。私たちの命を守るために、どれほどの愛を込めてくださったのか。

そして「私」です。たくさんの愛に包まれている存在であり、毎日頑張っている自分が自分を愛し、労わらなければ誰がやるのですか？　すでにたくさんの奇跡のうえに成り立っている「私」を、もっと愛してあげましょう。

年齢を重ねると体が痛くなったり、シミやたるみも増えたりするでしょう。それでも大切にしましょうよ、自分のこと。頑張って生きてきて、いろいろな体験を味わってきたと思うのです。思い込みで自分の良さを消してしまったり、気づかずにいることは多いものです。年齢とともに「もっと自分ができること」を探して見つけましょう。

自分ができること、興味のあることを紙に書き出してみるのもいいでしょう。

「う〜む、私にできることなんてあるかな？」

できないなんて思い込まないでくださいね。まずはお顔を整えて、笑顔いっぱいの毎日を過ごしてみてください。

きっと、あなたの魅力を引き出すきっかけを持った人とのご縁があるものです。

人生の大逆転も「顔」が決め手

自分の人生を通しての運勢を見るとき、やはり顔からそれを観ることは可能です。

それが**「人相の三停」**というものです。

左ページの図をご覧ください。
①上停（初年運）：髪の生え際から眉まで。0〜29歳までの運を現します。
②中停（中年運）：眉から鼻の下まで。30〜54歳までの運を現します。
③下停（晩年運）：鼻の下からあご先まで。55歳〜死ぬまでの運を現します。

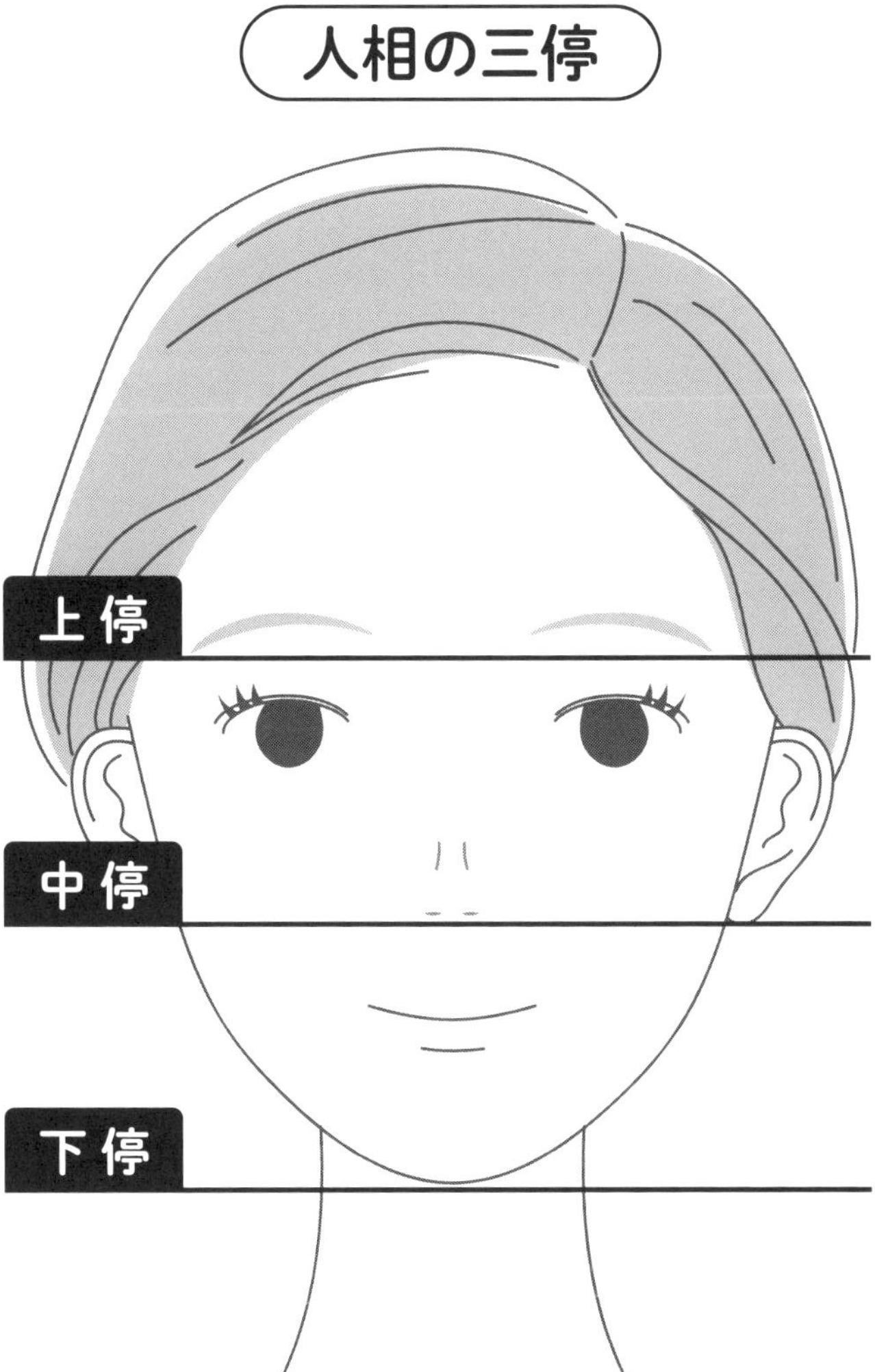
人相の三停
上停
中停
下停

それぞれの運について解説します。

①上停（初年運）

［運の意味］一生涯の運・不運

額はアンテナのようなもので、天からの恩恵を受ける場所です。

神様や仏様、ご先祖、その他、目に見えない力の応援の有無がわかります。

また、両親や目上の人から受ける運も現しています。

［よい相］肉付きがよく、光っている。

［その他］知性や知力もここに現れます。

②中停（中年運）

［運の意味］社会に自分を押し出す力

仕事運や社会運、健康運、愛情運など、

人生を左右する大事な運が現れる場所です。

ここがよいと、晩年にもつながっていきます。

［よい相］鼻は高さに関係なく、存在感があり、かつ肉厚なこと。また、頬も丸く肉厚で、たるんでいないこと。もちろん、光っているのが理想です。

［その他］勇気や意志力もここに現れます。

③下停（晩年運）

［運の意味］穏やかで幸せな老後

［よい相］肉厚で、しっかりしたあご。二重あごや三重あごもよい。口の周りが肉厚で、張りがあること。光っているのが理想です。

［その他］口角のあたりに陰のない人は、仕事の部下から慕われ、トップとして晩年も活躍できます。

三停の中で、特に肉厚で光っているところがあれば、その人のいちばん充実している「運勢のピーク期」を表すと言われています。

どの世代の運もすべて大切ですが、私自身は下へと向かうほど重要視しています。

上停は30代にさしかかる時期までの運なので幼少期も入ります。生まれた環境の要素も影響するので、自分ではコントロールできないところもあります。

中停は30歳から54歳くらいまで。社会で活躍する時代でもあります。女性なら結婚や出産も関係してきますので、自分以外の人の運も複雑に絡んできて、やはり自分だけの判断ではことが運ばないこともまだまだあります。

下停は55歳からの晩年期。まだまだ仕事を頑張っている人、すでに第二の人生を歩まれている方もいます。

「終わりよければすべてよし」

という諺《ことわざ》がありますが、晩年期を良い運気に包まれながら幸せに生きられるか、明るく楽しく生きられるかどうかで、人生そのものが決まると言っても過言ではありません。

そのためにも晩年までの人生をどう過ごしてきたかが最重要です。

それまでの人生がいまひとつだったとしても、ご安心ください。大逆転で強運な毎日を過ごせる方法があります。

それが**「開運福顔」「開運ラッキーメイク」「開運大笑い」**なのです。

第3章

「開運大笑い福顔マッサージ」と「開運大笑い 桃のチーク」+「眉」のこと

「開運大笑い福顔マッサージ」とは?

人生がどんどん良くなっていく、あなたの未来が大開運していく「運のいい顔」……それが**「開運福顔」**です。そして、そのような福顔が、もっと加速していくために私が考案したのが、この本のテーマ**「開運大笑い」**です。

では、「開運大笑い」とは、どのような笑い顔になることでしょうか?

それは、中東宮司様もおっしゃっていた**「笑福」**を呼び込む笑い……つまり、**「神笑い」**と同じ顔のことをいいます。宮司様のお言葉を借りるなら、

「赤ちゃんのように無心になって笑うこと」

を意味しています。赤ちゃんのように邪念がなく無邪気に笑うことですが、大人になると、なかなかそのような笑いができなくなってしまうもの。

ましてやマスクをするのが日常的な習慣になった最近だと、なおさら笑うために必要な「大頬骨筋《だいきょうこつきん》」や「小《しょう》頬骨筋」「口輪筋《こうりんきん》」「笑筋《しょうきん》」「側頭筋《そくとうきん》」などがゆるんでしまっ

て、思うように笑えなくなります。

これまで私は「開運福顔ラッキーメイク」や「開運福顔マッサージ」を数多く開発してきました。特に「開運福顔マッサージ」を取り入れると、顔の開運ポイント「12宮」すべてにアプローチしていくので、血液やリンパの流れが良くなり、血色が鮮やかになったり、ツヤツヤの肌になったりします。

金運が爆上がりすることにもつながるので効果は抜群ですが、この章では、**「開運大笑い福顔マッサージ」と「開運大笑い桃のチーク」**、そして「開運福顔」において最も大切な「眉」についてふれることにします。

どれも簡単に今すぐできるものばかりです。

毎日、朝・昼・夜と思いついたときに実践できて、場所も問いません。どこでも気軽に取り入れられるのが、私の「開運福顔」の良いところです。

開運大笑い福顔マッサージ

※ぜひ、大笑いしながら実践してみてください。また、なりたい自分を言葉にして、声を出しながら言ってみることも大変効果的です。

① ［口角上げ１］
中指と薬指の先で、小鼻の下からあご先までをなでるように指を下ろし、口角を上げるようなイメージで頬もなでる。この動作を３回繰り返す

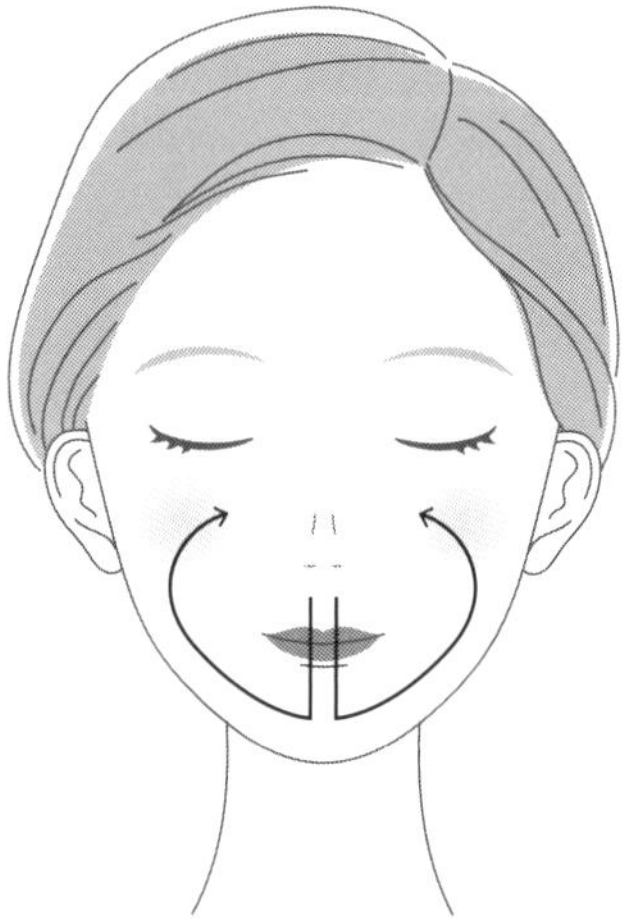

② ［あごから上］
あごに、両手の人さし指〜薬指の先を添え、輪郭上の外回転のらせんを描きながら、耳のつけ根まで「１、２、３、４、５、６、７」と数えてマッサージする。耳のつけ根まで到達したら、そのまま軽く押さえて手を離す。これを３回繰り返す

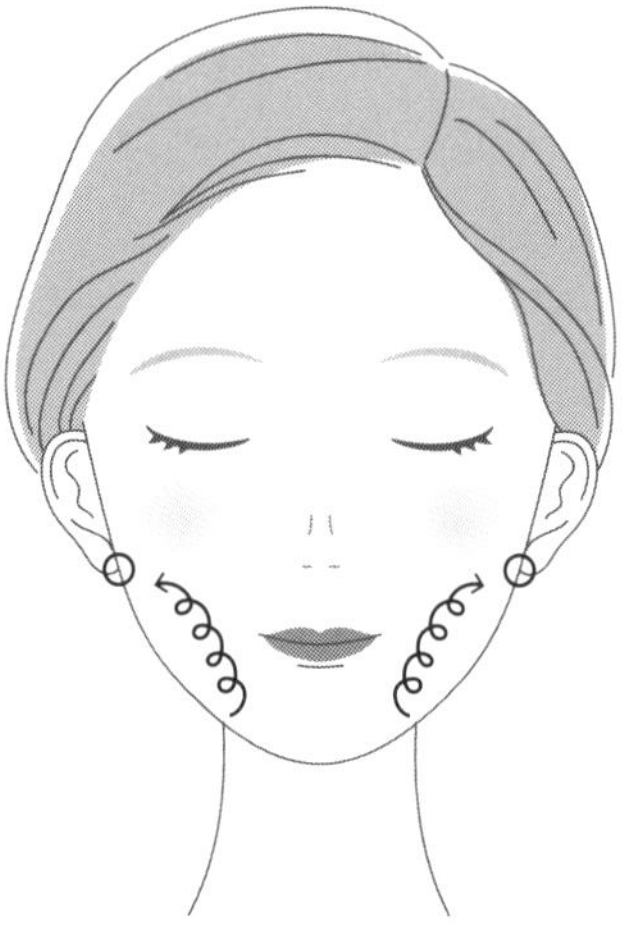

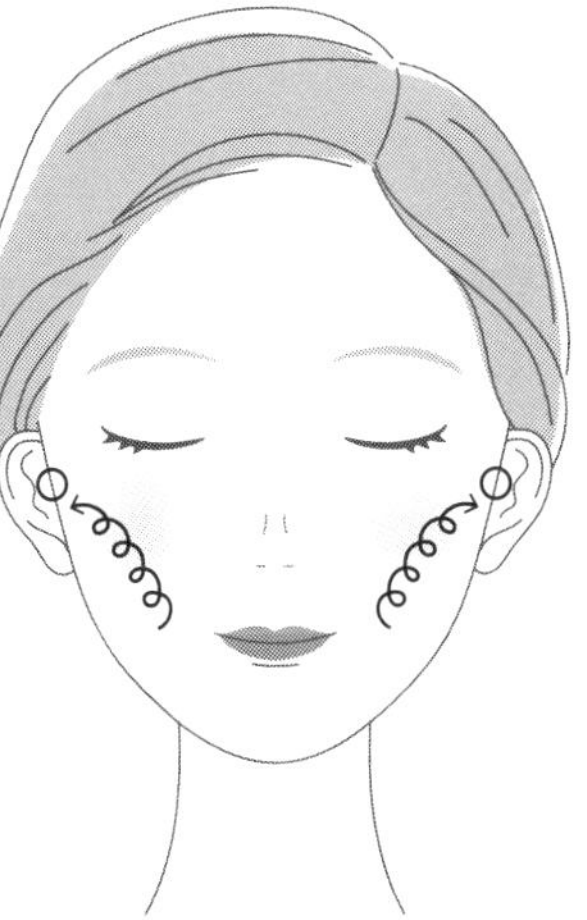

③［口角上げ2］
口角に、両手の人さし指〜薬指の先を添え、頬を外回りのらせんを描きながらアリキュラ（耳の穴の手前の部分）まで「1、2、3、4、5、6、7」と数えてマッサージする。アリキュラに到達したら、そこを軽く押して手を離す。これを3回繰り返す

④［側頭筋］
両手の人さし指〜薬指の先を使い、小鼻の脇からこめかみに向かって、頬骨に沿って外側のらせんを描きながらマッサージする。こめかみまで進んだら親指のつけ根（手根）でこめかみを押し、グッと引きあげる。これを3回繰り返す

「桃のチーク」で笑福を呼び込もう

「開運大笑い」のラッキーメイクは、ズバリ**「桃のチーク」**です。

笑ったときのぷっくりする頬を桃のピンク色で彩るのですが、これには桃そのものが持っている魔除けの意味合いもあるのです。

それは『古事記』の神話の中にも記されています。

伊邪那岐命が黄泉《よみ》の国（あの世）から悪鬼に追われて逃げ帰っている途中、坂の上に大きな桃の木があることを見つけました。

伊邪那岐命は、木から桃の実を3つもぎ取り、悪鬼めがけて投げつけたそうです。

すると、悪鬼たちは桃の力に驚いて退散しました。

難を逃れることができたのです。

伊邪那岐命は助けてくれた桃の実に、こう言いました。

「あなたたちは私を助けてくれた神の果実です。どうか、世の中すべての人たちが悩み、苦しむときも同じように助けてください」

そうして桃に「意富加牟豆美命《おおかむつみのみこと》」という名前をつけたのでした。これには「大いなる神のミ（霊威）」の意味があり、大いなる神の実として「大神実命」と呼ばれることもあるそうです。

ちなみに、お隣の中国でも桃は「仙木《せんぼく》」と呼ばれ、やはり邪気を祓《はら》う力があると考えられていました。

「桃のチーク」をぜひお試しください。邪気を祓うような魔除けの意味もありますが、私はそれよりも「笑福」を招くチークとして実践してみてほしいと思います。

「開運大笑い福顔マッサージ」を実践したあと、この「桃のチーク」をすると、さらにあなたの笑顔が笑福を呼び込むお顔になります。

次ページに図解しておきました。

開運大笑い 桃のチーク

①チークをブラシに取り、頬骨のいちばん高いところ（笑うと盛り上がる部分）に、チークを入れる

②①であまったチークを、頬骨の少し上、目尻の横のくぼみや、目の下からこめかみに向けて斜め上に、ブラシを滑らせるようにして入れる

③②であまったチークを、頬骨の下に入れる。さらにあまっていたら、あごにもチークを入れると運気アップ！

☆「開運大笑い 桃のチーク」のポイント

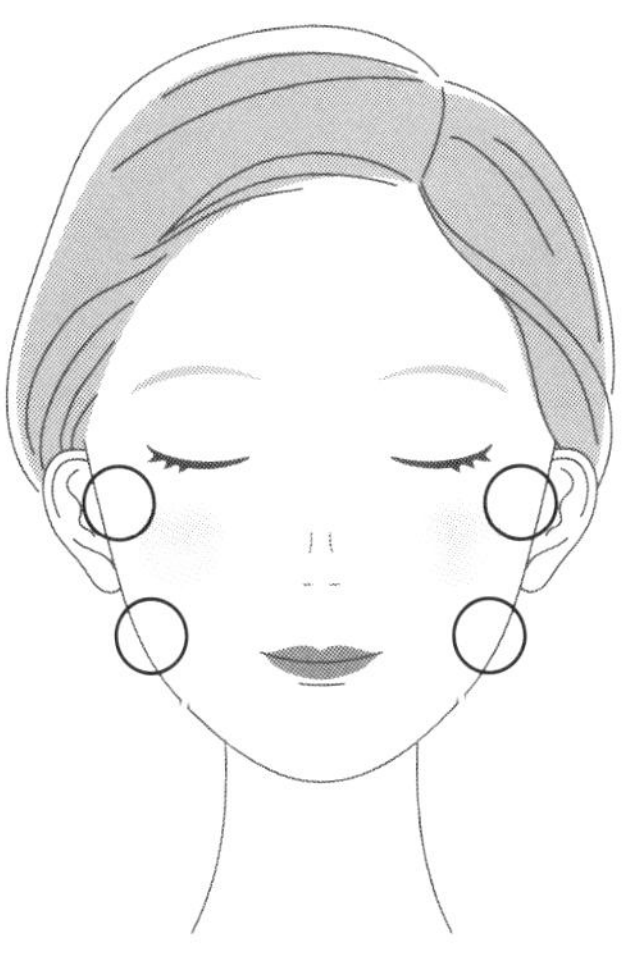

頬骨の上と下は、骨格の関係上、くぼみができやすい場所。くぼみがあると影ができ、せっかくの運の勢いを停滞させてしまうことにつながります。影ができやすい部分に桃（ピンク）のチークを入れることで、影が消え、顔の印象がふんわりと柔らかく、ふくよかになります。頬骨の頂点に入れたチークとも自然なグラデーションでつながるので、ナチュラルな仕上がりになります。桃が持っている優しさと邪気をもはね返す力を発揮するでしょう。

金運を良くしたいなら「眉」がいちばん大事

「開運福顔」「開運ラッキーメイク」の中で、金運を良くしたいのなら「眉」がいちばん大事です。なぜなら金運をあげる運勢のエリアは、顔の中でも眉とその周辺に集まっているからです。本書でもご紹介しておきます。

「第2章」の「顔の12宮」の図（P75）をご覧ください。

眉間には、願望達成や健康、生活力、精神力を示す**「命宮」**があります。

眉山には、寿命や家系や才能が宿る**「兄弟宮」**。

眉の上部にあたる**「福徳宮」**は、金運や財運の専門エリア。

目と上まぶたの**「田宅宮」**は、不動産、人気運、家族運を表します。

もし、あなたの眉が運勢的にパッとしなくても、心配はご無用です。眉を描いてみてください。金運眉を描けば運気は必ず上がります。

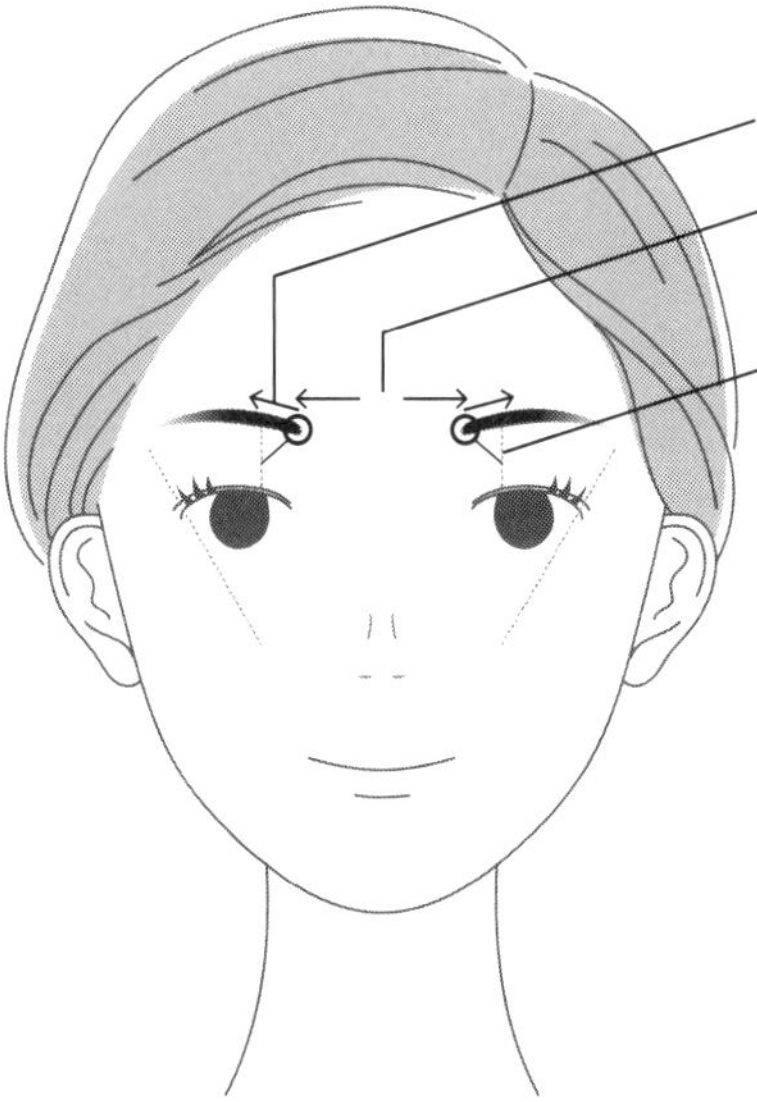
眉山に、下から上に向かって描く
指2本〜 2本半分開ける
丸く描く

開運眉のポイントは、長さと濃さと形です。観相学では、眉は長ければ長いほどよいと言われています。眉が長いほど長寿で、仕事やお金も長期にわたって入ってきます。

眉の濃さも重要です。眉が濃い人は自分を持っていて、感情もきちんと表現する人です。自分の個性が発揮できるのです。

眉の形から持って生まれた「運」がわかります。ぜひ次ページの図を見ながら、自分の元々の眉の形を知り、どんな人生を望むかを考えながらデザインを調節してください。

①アーチ型
②乱れ眉
③あっさり眉
④八の字眉
⑤濃い眉
⑥地蔵眉

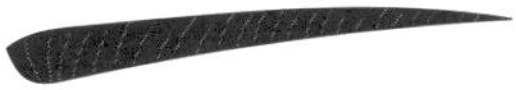

⑦一文字眉

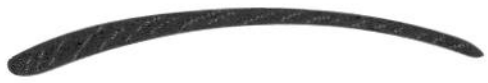

⑧ひも眉

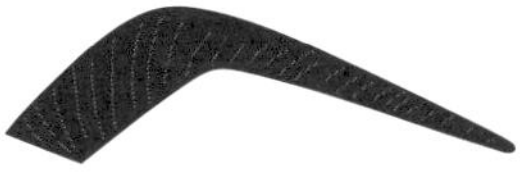

⑨への字眉

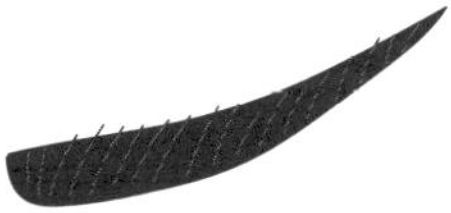

⑩剣眉

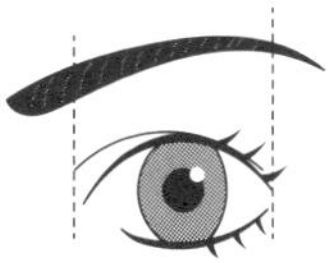

⑪長い眉

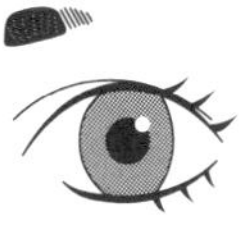

⑫短い眉

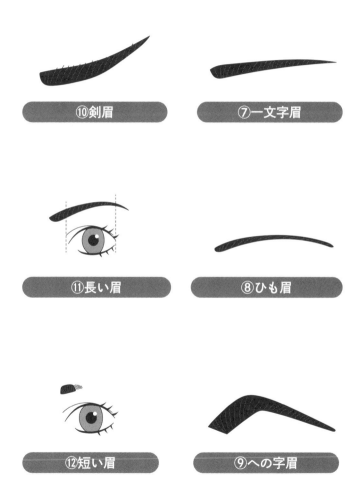

①アーチ型

穏やかな弓形の眉。愛情運、感性が豊か、金運があります。人からの愛情で運を開き、幸せな結婚ができる眉。この眉の人はまわりから愛され、パートナーとの関係も良好になります。人間関係を良くしたいなら、この眉をおすすめします。ただし、優しい反面、他人の影響を受けやすく、八方美人になりがちな傾向もあります。

②乱れ眉

もじゃもじゃでまとまりがなく、乱れている眉。起伏の激しい運命で、感情の浮き沈みも激しい。周囲の刺激や情報に敏感。眉は乱れがなく、整っているほうが運気が安定します。もし、乱れ眉なら、逆立っている部分はカットして、上から開運する眉を描きましょう。それだけで運気は変わります。

③あっさり眉

薄くて柔らかい気質の眉。優しくて思いやりのある反面、内気で引っ込み思案なところも。迷ったときは思いきって眉を濃く描いて、自分の殻を破ってみましょう。

年齢とともに眉が薄くなる場合もありますから、自分で濃く描いてみてください。エネルギーもアップします。

④八の字眉

八の字に垂れ下がった眉。心が広くて優しく、度胸があり、細かなことにこだわらない大胆不敵な性格を持ちます。他人に親身になるあまり、だまされやすい一面もあります。この眉の人は、思いやりがあって良い人が多いです。

⑤濃い眉

太くて濃い剛毛の眉は、正直で意思が強く、決断力もあって仕事運が強いです。また、困難を跳ね返す強運の持ち主。女性なら男勝りの人が多いです。晩年に向かって、どんどん運が良くなる人が多いですね。

⑥地蔵眉

半月が2つ並んだような形の眉。人望と人徳があり、人から押し上げられて成功するタイプ。ご先祖様からの徳を受けている方も多く、いつも応援されている眉です。ただ、財運にも恵まれるものの、人を裏切ると一気に財産を失うのでご注意ください。

⑦一文字眉

シュッと一文字に伸びている眉です。正直で意思が強く、決断力もあって仕事運が強いです。事業をする人に向いています。頑固な一面もあって、男性的な眉です。

⑧ひも眉

細くて長い眉は、異性に深く愛され、潔癖で気高いタイプです。金運にも恵まれますが、気が弱く、人に左右されて人生を送る傾向があるので注意しましょう。

⑨への字眉

スッと上がって下がる形の眉は、仕事運が強く、目標に向かってやり抜く情熱と行動力があって事業で成功しやすいです。生活力もありますし、人の力も借りられます。ただし、周囲が見えずに突っ走ることもあるので要注意です。

⑩剣眉

角度を持って眉尻が下がり、シュッと細くなった眉。粘り強く、自分の信念を押し通せるタイプです。勝負事に向いていますが、揉め事に巻き込まれやすい面もあります。この眉は別名「武将の眉」とも言われています。200万人のご先祖様の中に武将のご先祖がいることが多いのです。

⑪長い眉

目の幅よりも長い眉。結婚運が強く、不自由のない幸せな生活が送れます。長寿とお金の運もありますが、警戒心が薄く、人にだまされやすい面もあります。

⑫短い眉

目の1／2以下の長さの眉。すべての運が短命で孤独になりやすいものの、「運は自分で育てる」と気持ちを強く持つことで運勢が好転します。描けば大丈夫です。

「開運大笑い」は未来のための顔と心づくり

もともと「開運福顔」とは、あなたの「未来に向けた顔」のためにあり、それは「未来を先取りする顔」でもあります。

過去とは、すでに済んだことで取り戻せません。現在も一瞬にして過ぎ去ってしまいます。ところが、「開運福顔」とは未来がよくなるように、先に顔を磨いておこう、整えておこう……という発想から開発されました。これまでに多くの人たちが運を「大開運」に育て、好転する未来を体験しています。

今回、私が皆さんに知ってほしいのは、顔のみならず「心」まで整えることにつながるのが**「開運大笑い」**だということです。「開運大笑い」の原点は「神笑い」と同じなので、無邪気に笑うことで「心の岩戸」が開き、あなたが持っている才能が開花するようになるのです。

お顔もさることながら心までが豊かになり、より自分らしい人生が送れるようになるのです。

第4章

対談「笑う心」が日本の希望

中東《なかひがし》 弘《ひろし》 枚岡神社宮司

　1941年、大阪市生まれ。1960年、出雲大社にて神職の資格取得後、大山祇神社に奉職。1964年、春日大社に転任、1997年より定年退職まで同神社の権宮司を務める。その後、白屋八幡神社宮司を経て、2009年より枚岡神社宮司。南都樂所薬師として海外演奏多数。昭和天皇春日御親拝の際には和舞を御上覧。神社本庁参与。国学院大学評議員。皇學館大學評議員。

赤ちゃんのエンジェルスマイルこそ「神笑い」

れい子：今日は大阪の枚岡神社の中東宮司様にお話を伺いに参りました。

昨年（2024年）、毎年12月に行われている**「お笑い神事」**に仲間約300人で参加させていただきまして、もうみんな大興奮で大喜び！

ただ笑うだけではなくて、普段は自分の腹の底に隠れている笑いの力を「大笑い」によって目覚めさせる、とても貴重な体験ができたと感動しています。

中東宮司様によって、ユーモアの蓋を開けられてしまった感じですね。

一緒に参加した大嶋啓介さんも笑い始めて10分過ぎたあたりから、自然に、自分の奥の奥に潜んでいる**「笑いの心」**がむくむくと湧いてきて、残りの10分間は湧きあがってくる笑いにまかせて腹の底から大きな声を出せたそうです。

今でもあのときの余韻が残っているとみんな言っていますね。**「人生観が変わりました」**っていう声も聞こえてくるほどです。

今日はこの素晴らしい「お笑い神事」を体験させていただいた、中東宮司様にいろいろなお話を伺いたいと思います。よろしくお願いします。

中東宮司：こちらこそ、よろしくお願いします。

去年の「お笑い神事」はね、木村れい子さんのおかげで、大勢の方々が参加してくれました。ありがとうございます。コロナ禍の前は、もう3000〜4000人の方々に全国から集まっていただきました。

騒動が明けて、だんだんいらっしゃる人も多くなってきていますが、将来は1万人や2万人、そして10万人と世界中の人たちが集まって、みんなで笑っていただくのが私たちの希望であり、「笑い」によってみんながつながることで調和が生まれ、それが日本の希望にもなると思っています。

れい子：2025年の「お笑い神事」が今から楽しみです。もっと大勢で参加しますね。きっと全国から集まってくれると思います。

中東宮司様から、言葉には一音一音に意味があって、「あ」は天の神、「は」はものを生み出す力だと教えていただきました。「あっはっはー」という笑いは、天の生み出す力をいただくこと。無心になって笑っていると心の岩戸が開かれます。私たち誰もが持っている心の奥に潜む神様の力が外に出て、大嶋啓介さんではありませんが、自分自身の「笑いの心」がムクムクと湧いてくるから不思議です。元氣もあふれてきて力もみなぎり、いくらでも笑える気持ちになれます。

中東宮司：神代の昔、天《あま》の岩戸《いわと》にお隠れになった天照大神《あまてらすおおみかみ》様が、神々の笑いによって岩戸を開いたという日本の神話があります。私ども枚岡神社は、そのような神話を大切にしたご神事「お笑い神事」を古くから実施してきました。

1年間の様々な出来事を感謝の気持ちで笑い合い、笑うことで福を招き、新しい年の開運を願うのです。

れい子：大勢の人たちで笑い合うと、みんながつながっている感覚が身体で感じられて、ものすごい調和が生まれることを実感しました。あの渦というか、バイブレーションというか。私も観相学と開運美容学に40年以上も携わってきましたが、「お笑い神事」に集まってきた方々の腹の底から込み上げてくる「笑い」とそのお顔を拝見するだけで、たとえようのない勇氣と元氣をいただきました。

中東宮司：それは、もうね**「神笑い」**の領域ですね。

赤ちゃんは「笑え」と言わなくても自然に笑っているでしょう。ケラケラ、ケラケラ笑っていると、身体の中がみんな調和していくんですね。新陳代謝も良くって、それから免疫力も高まってくる。

赤ちゃんの笑いは「神笑い」と言うんですね。**「エンジェルスマイル」**とも言われています。調べによると、1日に400回くらい笑っているそうです。「笑うこと」がいちばん身体にいいんですね。無意識に笑っているわけです。

それがね、大人になったら笑わなくなるでしょう。でも、多くの人が笑い合うと、みんな身体の中も、人々も、自然界も世界も調和が生まれ、平和にもなっていくだろうと。そういうことを実体験として味わっていただけるので、「お笑い神事」を続けています。

れい子：あの20分間は、まさしく「神笑い」の時間でしたね。

中東宮司：枚岡神社で「巫女体験研修」を始めたのも、そういうことを知っていただくためですけど、最上級では1時間笑うんですよ。

れい子：私も体験させていただきました。40分間も笑ったら異次元になります。中級になると、20分が30分、そして上級では40分と、いくらでも笑える自分と出会えます。さっき宮司様が、「大人になったら笑わなくなる」っておっしゃいましたが、逆にどうして笑わなくなるのでしょうか？

自然循環の中で息づく「惟神《かんながら》の生活」とは？

中東宮司：やっぱり、いろいろな心配ごとで自分の心を苦しめていくんですね。
　自然界は、例えば昆虫とか鳥とか、様々な動物は、そういうことなんて考えませんわね。そう、自然の循環の中でね、生きているわけです。だから自然に即した生活をしている。これこそが**「惟神の生活」**なんですね。

お日様と共に生活をしていく……自然に順応した暮らしです。現代の人間は、それに反したことばかりするでしょう。自然界では、もちろん夜行性の動物もいますが、夜は休むのが当たり前ですよ。

ところが今は違いますよね。夜でも働いてね。私がまだ「春日大社」にいるとき、アマゾンの酋長が来られたんですよ。アマゾンには今でもいろいろな集落が存在していますが、いまだに貨幣を使っていない原始生活を送っている部族もいます。

お日様が上がってきたら起きて狩りに行く。お日様が沈んだら休む、と。もう動物と一緒です。そうやって自然の太陽とともに生活しているとね、身体が健康なんですね。その酋長も心身ともに「氣力」がみなぎっていました。

それに対して文明社会は、むちゃくちゃなことをやっているわけですね。寝るときでも遊んでね。街中だと24時間営業しているお店があったり、深夜までスマートフォンの画面に見入っていたりする人も大勢います。

そうすると人間が生まれて700万年だとして、確かに699万9900年までは、太陽とともに動いていたわけです。たかだか100年くらいですよ。おかしくなってきたのは。それだけの期間のうちに、「体内時計」ができているんですね。それに反したらおかしくなってくる。そんな生活をしています。交感神経や副交感神経のリズムも乱れ、それが心身に影響を及ぼしている人も少なくありません。

しかも、人間は心を持っているから、その心で自分を痛めているわけです。

そして、感謝する心が忘れられています。「もっと欲しい、あれも欲しい」と我欲がいっぱいで、それが原因で物欲や経済中心の悪循環が渦巻くのです。劣悪なものでも何でもすぐに形にして売りさばいて儲《もう》けたらいい、と。もう世界的に悪循環が渦巻いていると言えるのではないでしょうか。

れい子：確かに、今おっしゃったように、自然界の循環の中には、すでに「笑う」と言わなくても、すでに「笑い」が存在している感じがします。

中東宮司：そうですよ。朝起きてね、お日様を浴びて、沈んだら寝る生活をしていたら、自然の恵みに対して……もちろん厳しいときもありますけどね。それでも恩恵を感じてね、「ありがたいな」「嬉しいな」と思っていたら、それは顔にも出てきますわ。生き生きしてきますわね。

れい子：よろこびと感謝ですよね。「陽氣」という言葉があるみたいに、やっぱり氣が明るいですね。

「氣」という字に込められたほんとうの意味

中東宮司：そうそう、昔はね。病氣になることは「ケガレ」と言ったわけですね。「氣」が枯《か》れるのです。私たちは、よく**「神氣《しんき》」**と言いますけどね。

これは、「我々は神様の〝氣〟をいただいている……だから日本人は、神様の分け御魂《みたま》をいただいて、この世にやってきて、そしてまた神様の国へ帰る」ということなんですね。

だから「神様の分け御魂をいただいている」から、もう元氣、元氣なんですよ。

元氣が満ち満ちているわけです。

　ところが、生活習慣が悪かったり、年を重ねたりすると、いただいた神様の氣がだんだん枯れていくわけですね。そして弱って病気になってあの世に行くわけ。

　それを昔はどうしたかというと、神様のいらっしゃる森や山に入って、お祭りをしたのです。そして神様に感謝しながら、神様の大いなる氣をいただいて、枯れて弱った氣を元の氣に返しました。だからそれが**「元氣（＝元の氣）」**という言葉の本意なんですよ。

　みんな今、「元氣、元氣」と言うているけれど、あれは**「神様の元の氣」に蘇《よみがえ》ること**なんですよね。それを忘れて、今はすぐ効率よく簡単に、何か他のものに頼ろうとするでしょう。

　具合が悪くなると、すぐ薬など何か便利なものに頼ろうとします。そういうときって、大いなる内側の存在を忘れているわけで、内なる存在を考えたときには、いかに素晴らしいものを我々はいただいているかということですね。それが大事なんですが、大半の人たちは自分のすごさ、素晴らしさを忘れています。

れい子：中東宮司様がよくおっしゃっている「神氣」の「氣」という字。戦後の日本では、たくさんの字が簡略化されました。〝氣〟という文字も中の「米」が「〆＝気」に変わりましたね。

中東宮司：そうですよね。なんでも便利にしていこうということで、簡略化されていったわけです。文字も難しかったら簡略化して、ほんとうは「氣」という文字は「米」と書くのが「〆」にしてしまうでしょ。大事な「神氣」の意味がわからなくなってしまった。

本来そこには「米」が入っているんですよ。日本人は主食が「米」ですよね。昔の百姓さんたちもお米を大切にしてきました。

やっぱりそこにはちゃんと関係があるのです。

幸せに生きようと思えば健康でないといけない。健康であるためには、何を食べているか、どういう生活をしているかが大切になります。

和食の基本は米と味噌汁ですよね。ところが、今は食べるものは西洋化して基本から離れてしまっています。

運動をして筋力を蓄えなければならないけれど、便利・快適な生活が当たり前になっているから身体も、身体感覚もおろそかになっています。

さらに睡眠も十分にとれず、大切な心の分野も不安定で、病人が増えています。

日本食の原点はお米の食べ方にあった

れい子：「氣」の「米」という字を使わなくなったのは、いろいろな理由があると思うのですが、神道の世界では年間に様々な行事がある中で、最も大切にしているのが11月23日に行われる「新嘗祭《にいなめさい》」だと思うんですね。

中東宮司：日本の文化の原点は新嘗祭ですからね。

つまり米なんですよ。そのようなことを知るためにも神話を読まないと絶対わかりません。神話を読んだら日本の文化の原点がみんな書かれています。

天照大神様が高天の原の稲穂を自分の孫の**瓊瓊杵尊**《ににぎのみこと》に授けてね、天孫降臨をするでしょう。そして歴代の天皇に引き継がれてゆく。そのおかげによって、日本人は米の力で繁栄していくわけです。だから、「日本の国の姿とは何なのか？」となったなら、米と天皇様を1本の柱にして国民が営みを成しているというのが日本の国の形なんです。

今は米をおろそかにしている風潮があります。何でも食べられますからね。米の代わりにパンやラーメンがある、うどんがある。外国のめずらしくて美味しいものがどんどん食べられます。

ところがこの頃は、外国人のほうが「和食がいい」と認識が変わりました。ユネスコでは2013年の12月4日、日本人の伝統的な食文化**「和食」**が無形文化遺産に登録されたほどです。世代を超えて受け継がれてきた慣習や、日本各地で行われている「和食」への取り組みが評価されたようです。

ただし……現代の私たちの暮らしぶりはどうでしょうか？

今、私たちが食べているのは、白米という「米偏」に「白い」と書いて「粕《かす》」を食べているわけです。「粕」だからおかずをいっぱい食べないと身体がもたない。

元禄の頃までは、貴族や殿様といった上流階級以外は玄米を食べていました。もちろん、お百姓さんでも厳しい年貢のために、ひもじい生活をしている人が多かったのは事実です。「米偏」に健康の「康」とかいて「糠《ぬか》」。即ち糠のついた玄米を食べていた。玄米には人間が必要な成分がほとんど含まれているんですよ。それをゆっくり噛《か》んで食べる。そうするとね、おかずはいらないんですよ。噛めば噛むほどものすごく味が出てね。おかずに手をつけなくてもいいくらい美味しい。

ところが、そのような美味しい食べ方をせずに、栄養のある部分は全部捨てて残りの粕を食べているので、おかずもいっぱい必要になってくる。そうすると、他の生命の犠牲も多くなって、これが不自然な循環や環境を生むことにつながります。

日本人はそれを考えて一汁一菜とか言ってね。ご飯とお味噌汁と小魚があったら御の字と言いました。そして玄米を食べているから、それだけで力強い生活ができたのです。他の生命の犠牲も少なくなって、実に合理的なんですね。

れい子：お米を食べなくなってきたことが、日本人の「氣」が低下してきたひとつの原因と言ってもおかしくないのですね。

中東宮司：そうですね。みんなが西洋化していますからね。米に対する感謝の気持ちもない。私たちが小さいときには、ひと粒の米でも粗末にしたらバチがあたると言われたものです。食べ物を大切に、特にお米を大切にする文化が暮らしの中でも息づいていました。

神社へ来たらよくわかるんですよ。例えばお祭りがある。いちばん最初にお供えするのは何かといえば、やはりお米なんですね。

れい子：そうですね。お米やお酒、お野菜がお供えされていますね。とても厳粛な雰囲気の中で、思いを込めた静かな佇まいの環境で、きちんと備えられている姿を何度も見ました。見ているこちらの姿勢まで整います。

中東宮司：そうです。お米の次にお供えするのは、米から作ったお神酒《みき》ですわ。その次はお米から作った餅です。それが最初に来る。米は神様の命が籠められているからコメと言い、稲は命の根だからイネと言う。やっぱり米がいちばん大事だということなんですね。

れい子：「氣」という字の真ん中に「米」が書かれてあったのも、そこに秘密があったんですね。確かに、「元氣」「勇氣」「本氣」とか、大事な言葉には「氣」という字が使われています。

中東宮司：これはもう見えない神様の「氣」なんですね。そうするとね、これ「氣」とはなんだ？　という話になっても見えないからわからない。もうみんな無視しているけどね、これこそが、これから21世紀が進んでいくと、みんなが注目するようになってくると私は感じています。

れい子：それは「大笑い」とも一致していくわけですね。笑うことで「氣」が高まっていくから。

中東宮司：そう。もう無心に笑っているとね、心の岩戸が開かれるんです。

れい子：ほんとうに、そうですよね。開かれました！

中東宮司：心の岩戸を開いたときに、私たちは目覚めて身体の中にある、他に頼らなくても無限の能力をいただいていることがわかるわけです。これからは、もっとそのことに気づく人が増えてくると思います。そういう時代ですよ。そこに日本の希望のタネがあると私は思っています。

ご先祖様の存在は科学の力でも証明されている

れい子：宮司様がおっしゃっている**「神氣」**ということをもう少しお聞かせください。宮司様のご著書（『鎮守の杜百話』）を拝読したらご先祖様から授かった命のさらに奥にある何かって書いてありました。

中東宮司：そうそう。私たちはね、みんなご先祖様の命をいただいて生きているわけですね。ご先祖の力がなかったらうまくいかない。みんなご先祖とつながっているんですよ。だから、ご先祖様は、亡くなったらもうそれで何もなくなる……というものではありません。
私たちが亡くなったら神様の世界に帰って行く……そして子孫がね、亡くなったご先祖様の御霊に感謝し、そして子孫が良い行いをしていたら、亡くなった先祖がどんどん昇華されて、高い神様の位に上昇していくというのが私たち日本人の考えなんです。
そして、ご先祖が子孫を守ってくれる。だけども、「そんなもん。なくなったら何もないわー」ということで子孫がね、感謝もしないで勝手な悪いことをやっていると、ご先祖様も困るわけで、氣になって仕方ない、と。何やっているんだ、ということで子孫にいろいろな気づきが与えられます。

れい子：人は、亡くなったら神様になるんですか？

中東宮司：うん、そうなんですね。それが日本人の素晴らしい考えです。神様から生まれて、そして神様の元に帰っていくのです。これが「帰幽《きゆう》」という言葉の意味です。

神様でもいろんな段階がありますからね。だから、ご先祖のよろこぶようなことをやったほうがいい、ということです。ご先祖様に対して感謝し、そしてご先祖様を感じて助け合いながら毎日を生きる。生きとし生けるものを幸せにしようと一生懸命に子孫が動いていたら、ご先祖様はよろこんで、どんどんバックアップしてくれるわけです。応援団も増えていくでしょう。

れい子：なおかつ笑顔で笑って楽しくしていれば、いろいろなご縁もつながります。

中東宮司：どんどん、いいご縁をつなげてくれるわけ。そのご縁のつながりによってどんどん運も良くなっていきます。

だから、なんぼいい大学を出て、いい会社に入ったと言ってもね、ご先祖の導きとか働きがなかったら、うまくいきませんね。

そういう例はいくらでもあります。これまで多くの宗教者がこれを教えていたわけです。ところが、この頃は科学でも言われるようになりました。

私たちはみんな、ご先祖の遺伝子を受け継いでいるでしょう。人間だって700万年さかのぼったご先祖といえば……。

れい子：天文学的なすごい単位の数字ですね！

中東宮司：ものすごい数字ですよ。そのような遺伝子を受け継いでいるわけです。悪いことをした遺伝子も、いいことをした遺伝子もいっぱい受け継いでいる。だから、筑波大学名誉教授の**村上和雄**《むらかみかずお》さんなんかね、いい遺伝子のスイッチをオンにするためには感謝して笑っていたらいいんですよ、っておっしゃっていました。

れい子：村上和雄先生は吉本興業の芸人たちと組んで、笑いが血糖値を下げるかどうかの実験もされていましたね。講演会でも常に笑いが渦巻いている先生でした。私も『村上和雄ドキュメント「ＳＷＩＴＣＨ」』（鈴木七沖監督）という映画を通して、遺伝子の素晴らしい働きを村上先生から教えていただきました。

中東宮司：私たちは膨大な遺伝子をご先祖様より受け継いでいるけれども、ほとんどは休んでいると村上先生は言うんですね。私たちがいろいろな病気になったり、障害になったりしても、この身体には、それを乗り越えていける遺伝子の働きが山のようにあるんだとおっしゃっていました。

普段はオフになっている遺伝子をいかにしてスイッチオンにするか。

れい子：わくわくの話ですね。様々な要因からオフになったり、オンになったり。

中東宮司：そうです。どうやってスイッチオンにさせるか。オンにするにはどうしたらいいのか。村上和雄先生は、

「感謝をしながら笑うことで、いい遺伝子がスイッチオンになりやすい」

と実にわかりやすく説明してくれました。私たちは身体を通して無限の素晴らしい能力や働きをいただいているわけなんです。

ただ、わからないから、それを**「神の力」**と言っていただけです。

どこでも「神様」を見出す感性

れい子：目に見えない遺伝子の力、その力をわからないから神の力というふうに言われていたわけですね。

中東宮司：私たちの祖先はね、わからない存在をみんな「神」として讃えてきたんです。だから、土に種を蒔いたらどうして芽が出るの？　わからない。わからないから、これは**波邇夜須毘売神**《はにやすびめのかみ》のおかげだと、そこに神様を見出すわけです。そのような感性が備わっているのです。

れい子：土の神、土壌の神、肥料の神、農業神……ですね。

中東宮司：水を飲まないと生きられない。そんな水の働きは**罔象女神**《みつはのめのかみ》のおかげだと。空気を吸わないでいられない不思議な働き、これは**志那都比古**《しなつひこのかみ》とかね。
光の働きは**天照大神**《あまてらすおおみかみ》とか。草や野を司る神は**鹿屋野比売神**《かやのひめのかみ》とか。自然を考えたら、みんな素晴らしい働きをもって私たちは生かされているんです。

れい子：やっぱりいろいろな神様のことを知るためにも、宮司様もおっしゃっていた**「神話の世界」**に触れることが大切ですね。

中東宮司：昔の人たちは感性と次元が高かった。みんなそれぞれに不思議な働きがあるじゃないか、ということで、いろいろなものに神様の名前をつけて**「八百万**《やおろず》**の神」**に感謝するわけです。
八百万ですからね。至る所に神様の存在を見出すという壮大なスケールです。

れい子：これは日本だけですよね。

中東宮司：世界に誇る考え方でしょう。

科学的に考えても、我々はたかだか700万年前に生まれて地上にやってきた。ところが自然界はね、昆虫なんか6億年前に出てきているんですよ。私たちよりも何億年前にこの地球に現れているわけだし。私たちよりもはるかに進んだ機能を持っています。

木を一本とってみても6000年も生きているとかね。苔でも1か月も雨が降らなくても生きている。「あっ、枯れたかなぁ」と思っても、雨が降ったら蘇みがえってみたり。人間はそんな技はとてもできません。

そのような素晴らしい自然界の機能によって私たちは生かされているわけです。人間の幸せだけを考えていたらだめですね。生きとし生ける自然を慈しみ、助け合い、大事にし合うと、そして自然が豊かになったら私たちも幸せになっていけるんだと。すべてのものが循環して生かし生かされている、という感性から**「八百万《やおよろず》の神」**が生まれたのです。

今、なんか環境問題を西洋式にサスティナブルとかね、片仮名語ばかり使っていますけれども、神道を勉強したら、もうはるかに進んでいるわけ。日本人の先人の知恵を学んだらいいわけね。壮大なスケール感の物語ですよ。

「大笑い」と「狂言」のひみつ

れい子：宮司さんの個人的なお話も聞きたいんですけど、よろしいでしょうか？宮司様は元々「笑い」に関心を持たれていたのですか？

中東宮司：私がここ（枚岡神社）へ入ったのが16年前（2009年）です。春日大社よりこちらへ来てから「笑いの神事」があることを知りました。「どうやってるの？」と聞いたところ「宮司が3回『あっははは〜』って言うたら、みんなが『あっはははは〜』と笑うんです」とね。

れい子：「お笑い神事」は、元々から枚岡神社にはあったのですね？

中東宮司：ありました。職員と総代約30名で3回笑うだけでした。これを一般参加可能とし、20分間笑うようになりました。それにはまたいろいろなタネがあるわけですね。

れい子：タネ？

中東宮司：春日大社には狂言があるんですよ。

れい子先生：春日大社に狂言⁉

中東宮司：そうです。春日大社の伝統はね、「禰宜《ねぎ》」……伊勢で言うと「御師《おし》」です。春日の信仰を広めたり、神職の下働きとして活動していた人たちです。その人たちが、神楽や能、狂言を奉納して、祭りを盛り上げて春日の信仰を深めていったのです。

大事なこの伝統が幕末に途絶えてしまいました。昭和20年（１９４５年）に近衛家の血筋を引いた水谷忠麿さんが、春日大社の宮司になられた。多才で天下の文化に詳しい宮司がいろいろなことを復興していったわけです。そこで「狂言を復興しよう」ということで春日の神職に狂言を習わせたわけですよ。一般の参加者もこれに加わり、伝統の「禰宜座狂言会」が復興しました。

大蔵流狂言家元が月に2回、春日大社に来られて、私が春日大社に入ったのは23歳のときですけどね。ずっと発声方法をやらされました。私はね、大きな声が自慢だったんですけど、プロから見たらまったくダメ。「そんな口先で出すのではない！腹の底から出しなさい！」と、1時間でも2時間でも発声法の稽古をさせられました（笑）。

れい子：だから今の迫力があって、よくとおる宮司様の声になったのですね。

中東宮司：狂言は、200番くらいありますが、「笑い」がいっぱい出てくるんですね。能は難しい。だから教養のある者しかわからない。殿さんや貴族は礼儀作法やいろんな文化を能から学んだわけですが、90パーセントの庶民は百姓さんでしょう。わからないわけです。

だから「太平記」を作ったと言われる玄恵法印《げんえほういん》という学者がいるんですね。その人が「(能のような) こんな難しいことはわからない、だから笑いでもって人の道を教えよう」ということで狂言を作ったわけです。普遍的な人間性の本質や弱さをえぐり出すことで笑いをもたらす芸能です。

例えば、男性と女性がいたら、大体男が威張っているわけです。男が強くて女は下やと思っているわけですよ。

けれども女性は家庭で旦那を支え、家庭でみんな切り盛りやっている。素晴らしい女性がおって男性があるのです……ということを知らしめるために、舞台でいかに男性がアホかということを知らせるわけです。おもしろおかしく。

だから男性は偉そうに言うているけれど、女性のほうが偉いんだよ、ということを狂言の中で笑いを誘って教えるわけです。

200番ある狂言の中で、いちばん豊かな笑いを表現しているのが、狂言「福の神」なんですよ。

「狂言」って言ったらね、発声ははっきりとした、立ち振る舞いはきちっとしている、作法は美しくないといけない、そして「いい笑い」をしないといけない。神様の笑いは下品であってはいけないから大変難しい。42年間の経験が枚岡で役に立つとは思ってもいなかった。

れい子：すごい！　中東宮司様の歴史と声の秘密がわかりました！

中東宮司：ここ（枚岡神社）へ来てみたら3回笑うだけでしょう。そんなん、もったいない、と。しかも、内輪で職員と総代さんだけの30人くらいで「あっはは〜」で終わっているわけよ。「こんなんあかん。そのあと20分間は笑おう」と。

れい子：「20分間」というのは、中東宮司様がおっしゃったんですか？

中東宮司：そうなんです。それがね、5分は短い、30分は初めて来た人が、もう嫌気がさすかもしれない。ちょっと笑えんやろ……20分間がいちばんいい時間やないかなと。

そうしたらね、驚くようなことが起きました。最初の年に120名の人たちが「お笑い神事」に来ました。2年目は500名くらいの人たちが来ました。

れい子：毎年どんどん増えていったのですね。聞いているだけでドキドキしますね。みんな、笑いたいんですよ。

中東宮司：3年目は1000名になって、4年目は2000人。このまま行ったら10万人もすぐやなと（笑）。ところがどっこい、そんな簡単なものじゃない。テレビの取材も来てくれたらいいのになぁと思っていたら、いろいろなテレビ局も来てくれて全国放送にもなりました。だんだん有名になってきました。どんどんどん人が来るようにもなりました。ところが、コロナ禍で、外出がままならなくなったでしょう。コロナ禍前には、4～5000人集まっていた。それが一気に減るどころか、「お笑い神事」の開催さえも危うくなってしまいコロナ禍の折には、200人まで減少しましたが、今は2000人ぐらいに戻ってまいりました。

「日本笑い学会」という全国組織の会があります。

北海道にも支部があるんですよ。その北海道から枚岡神社に熱心な人がやって来ましてね。話をしたところ「私は北海道の支部長です」と、伊藤一輔《いとうかずすけ》という人で医師ですが、ものすごく笑いに熱心な方でした。

彼は以前、北海道が女性の知事（高橋はるみさん）だったとき、「道民は、みんなが笑ったら健康になって医療費も少なくなるし助かるからやりましょう」と強く提案して、見事にアイデアが採用されました。

今でも北海道では**8月8日に「道民笑いの日」**と制定され、笑いを実践されています。

れい子：えっ？　ほんとうですか？　それはすごい！　全国でもやったらいいですよね。全国で笑ったら、みんな健康になっていいですね。

中東宮司：人間はね、おかしかったら自然に笑うのは当たり前ですが、おかしくなくても笑っていると、だんだんおかしくなってくる。逆も真なりですね。

私たちがやっている「大笑い」は、腹の底から笑うでしょう。

腹の底から笑っていると「胆力《たんりょく》（物事を恐れたり、氣おくれしたり、驚かない氣力）」が鍛えられるし、臍下丹田も鍛えられると健康になるし、全身が活性化してね、新陳代謝も良くなって免疫力もあがって元氣になるわけです。

だから虫の息になったらだめです。腹の底から笑えるようにならなきゃ。

そうやって日本人が笑うことで「氣」をあげ、みんなが健康になってつながり合いながら調和を生み出すことで希望も生まれてくると感じています。

そして、枚岡神社にとって大切にしているのが「巫女体験研修」なのです。

縦のよろこびと横のよろこびの礼儀作法

れい子：私も上級まで受けさせていただきました。いつもキャンセル待ちが出るほどの大人気ですね。どうして「巫女体験研修」を始めたのかお聞かせください。

中東宮司：このままいったら子どもたちに縄文時代から伝わる日本の伝統が伝わっ

ていかないという気持ちが高まってきました。そういうことを学校では教えませんからね。ただ詰め込むことが多い知識の教育ばかりです。

いい大学に入るために、いい会社に行くために、それだけではあかんと私は思います。日本の素晴らしい文化を子どもたちに教えていかないと、もう日本はだめになってしまうのではないか。

「それを教えるのは誰や？」……それこそが女性です。だから21世紀は女性の時代だと思うんです。

れい子：「背筋を伸ばした凛とした姿勢を子どもたちに教えるのは女性。美しい所作からは、美しい心が見えてきます」……中東宮司様よりいただいた言葉です。初級・中級・上級とクラスを追うごとに内容が深まっていくのが特徴です。年齢制限もなく、これまでに小学2年生から最高齢は95歳まで受講されています。

巫女体験研修はいつから始めたのですか？

中東宮司：私が枚岡神社に入って2年目ぐらいですか。もう14年は続けていますね。

初めは10人くらいと思って募集を始めましたが、いっぺんにね、もう20数人の方が集まっていらっしゃいました。

研修の中では、いろいろな神道の話とか、日本の文化を話して、それから礼儀作法……日本は、礼に始まり礼に終わるといわれる礼儀の国ですわね。それが今むちゃくちゃなっています。

「礼法」すなわち神社にお参りする作法は**「二礼二拍手」**でしょ。ところが、その意味もわからない。だから、どうして二礼二拍手でお参りをするのかを教えるわけです。

ただ二礼二拍手は誰でも知っているわけですが、それをどういうふうにしたら美しく見えるのか、見えない心をどう姿に表すのか……そこが大切なポイントです。

そういうことをしっかりお伝えしますと根本的な作法が見違えるようになるわけです。

食事をするときも同様です。どういうふうにするのが礼儀作法なのでしょうか。普通ですね、礼儀正しい人は**「いただきます」**と言って合掌していただきますね。

でもね、ほんとうは違うんですよ。日本の食事のマナーは、「一拝一拍手」をしてからいただきますが正しいやり方です。

他の命を自分の命にしているので、その命に対して敬意を示して、「ありがたい」という感謝のお辞儀と「一拝」をいたします。

これが**「縦の感謝とよろこび」**の表現。

それに対して、拍手は**「横の感謝とよろこび」**の表現です。

一拝一拍手とは、古来からの日本固有の礼儀作法で、「縦の感謝とよろこび」と「横の感謝とよろこび」を組み合わせた我が国独自の礼法なのです。


中国の古い文書の中には「倭人は頭を下げる」ということが書いてあります。また別の文献では、「二十一代　雄略天皇」が葛城に狩りに行かれたときに、天皇と同じような一行が向こうからやってきた。

「汝、何者だ？」と言ったところ、「吾れは葛城の一言主之大神だ」とおっしゃったので、自分の剣を献上した。一言主之大神は手を打って受けた……と書いてある。

すなわち、日本の礼儀作法は、ものに対してうやうやしく頭を下げる、そして拍手をする。どちらも「感謝と喜びの表現」なんですね。

れい子：それを丁寧にしたのが神様にお参りする「二礼二拍手」なんですね。私も巫女体験研修で知りましたが、食事をいただくときでも、その命に敬意を表して命ある食物に対して頭を下げながら、そして感謝とよろこびの手を打つ。だから「乾杯〜！」と言って、みんな手を叩くでしょう。あれは全部、感謝とよろこびの表現なんですね。

中東宮司：ところが仏教が入ってきて、手を打たないお坊さんの「いただきます」という合掌がどんどん広がっていきました。
頭を下げて、手を打って「いただきます」。
巫女体験研修ではそれらを丁寧に教えるわけです。すると参加者の皆さんは「初めて聞いた」となります。

れい子：参加者のほとんどが驚きますよね。そんなこと教えられなかったから。

中東宮司：そういうことを教えたり、大掃除をして自分の心も清めてもらったり、神前で大祓詞を奏上して瞑想する……そういうことを1日かけてするわけです。

女性はみんな、一度は巫女の緋《ひ》の袴をコスプレしたいという気持ちが強いようです。もちろん巫女を通じて神道を深く極めたいという人もいらっしゃいます。

ところが、神道の礼法を学んだりすると、コスプレよりも素晴らしい教えをもっと深く知りたい……となるのです。

れい子：私も受けたのでよくわかります。ほんとうに中身の濃い研修です。

中東宮司：受けた人は、みんな感想文を提出いただいているのですが、こんな素晴らしい研修とは知らなかったと感動されています。

初級を受けたあと、もっと学びたい人は中級に行かれます。中級ではお山に上って祝詞をあげたり、神楽を稽古して奉納したり。笑いは30分間なんです。初級よりもプラス10分増えてね（笑）。

「巫女体験研修」を受けた人が今では全国2000名ほどに広がったわけですよ。この14年間に。最上級を受けたらね、もういつでも枚岡神社に手伝いに来られますよと。好きなときに手伝いに来て、そして私たちの補助をしてくれると、彼女らも復習できてよろこぶし、私たちも助かります。そうやって、いつまでも枚岡神社とご縁が続いていくこともよろこびなのです。

受講された人は、それぞれに終了のカードがあるんですが、上級なんかは裏側に自分の巫女姿を焼き付けてあるので、みんなで見せ合ってね。「私も受けたんですよ」「私もです」……そうやって巫女体験研修の輪が広がっていくことで、子どもたちに日本の素晴らしい文化が伝わればいいですね。

「天の岩戸」をふたたび開かせるために

れい子：中東宮司様の言葉の中に、

「その笑いの波動が身体の内と外に広がって調和を生む」

というのがありました。この言葉の説明をお願いします。

中東宮司：悩みを持っている人はたくさんいますね。全国至るところに。みんな何らかの悩みを持っていますね。

ある女性が、自分の悩みを解消するためにやって来られた。いろいろな修行をしたり、良かれと言われるいろいろなところにも行ったりしたそうです。

そんな彼女が、枚岡神社の山に登って笑いに参加した。みんなで手を取り合ってね、20～30人が輪になって20分間、大笑いしたのです。すると、どうなったか。「一体、今まで自分は何をやっていたんだろう。ただ、無心で腹の底から大笑いしただけで悩みがすっかり解消された」と笑顔で、よろこんで帰って行かれました。

神道の素晴らしさはいっぱいあると思いますが、**「調和」**というキーワードがすごく神道と結びつくと思います。

日本人の文化は和の精神でしょう。「十七条憲法」もしかり。だから、我が日本の伝統は、みんなが調和していき、争わないで助け合っていく……。それがね、笑いによってできると私は思っていますし、実体験からも感じています。

れい子：枚岡神社は神話の「天の岩戸開き」の世界観をとても大切にされています。

須佐之男命《すさのおのみこと》は乱暴狼藉《らんぼうろうぜき》をして田畑を荒らしました。それが原因となって、たまりかねた天照大神様が岩戸にお隠れになります。

そうすると、今まで太陽があって当たり前だと思っていた人たちは、あれもほしい、これもほしいと言いながら不平不満が出てきていました。その最たるものが須佐之男命の態度です。

岩戸が閉じられたあと、神々がどうしたかというと、

「天照大神がいたときには、もう幸せがいっぱいあっても感謝を忘れていた。もう一度みんなで天照大神様に感謝とよろこびの表現をしよう」

ということで、**天児屋根命**《あめのこやねのみこと》にお祭りをさせました。それが枚岡神社の主祭神様ですね。

中東宮司：日本で最初にお祭りを行った神様が天児屋根命様です。立派な美しい祝詞を奏上しました。祝詞というのはね、ほとんどは感謝の言葉なんですよ。

「神様ありがとうございます。だから美味しいご馳走をいただいてください。そして美しい神楽をご覧ください。そして最後に人々が健康で幸せでありますように」

とお祈りするわけです。ほとんどは感謝です。それを今まで忘れていました、と。

だから「これからみんなで感謝しよう」いうことで美しい感謝の祝詞を奏上するのです。それで**天鈿女命《あめのうずめのみこと》様**がね、感謝とよろこびの踊りを踊ります。

「ああ、天照大神様がいらっしゃったときは、幸せで楽しかった〜〜」

そう言いながら手を伸ばす。これが踊りになっていくのです。

この「手」のことを昔は「た」と読んでいました。「手（た）を伸ばす」……これが「楽しい」という言葉の語源になっていくのです。

だから神話を読むとね、いろんなことが勉強できるわけです。そして、神々が感謝とよろこびの「笑い」をしようと、笑いは感謝とよろこびの表現なんだ。それをみんなでやろうということで「あっははは〜」と笑い合うわけです。

そうすると天照大神様が「やっとわかったな」ということで、岩戸をお開きになられた。すると今まで真っ暗闇で人の顔も何もわからなかったのに、一条の光が差し込んだために、人々の顔が明るくはっきり見えた。

すると天照大神様が、

「あな、おもしろ（面《おも》が白い）」

と言った「面白い」の語源になったわけです。
神話には「感謝の祈りと感謝とよろこびの踊りと笑い」が出てくるのです。
素晴らしいと思いませんか。日本の神話はほんとうにすごいなぁ。
神話を読むとね、いろいろな学びがあるんです。

れい子：私も中東宮司様と一緒に、この枚岡神社と共に、日本の神話や文化を学んでいきたいと思います。今日はありがとうございました。

中東宮司：最後は「大笑い」で終えましょう。
「あっはっは〜、あっはっは〜、あっはっは〜」

※2025年1月8日　枚岡神社にて収録

開運大笑いコラム

大嶋啓介さん

大《おお》嶋《しま》啓《けい》介《すけ》さん

株式会社てっぺん取締役会長。人間力大學理事長。1974年1月19日三重県桑名市生まれ。株式会社てっぺん創業者、NPO法人居酒屋甲子園の創設者、外食アワードを受賞。著書に、「読者が選ぶビジネス書グランプリ2019」自己啓発部門賞受賞作『前祝いの法則』『マンガでわかる前祝いの法則』『世界一ワクワクするリーダーの教科書』『昨日の自分に負けない美学』(矢野燿大、ひすいこたろう共著)などがある。

◆大嶋啓介オフィシャルホームページ
http://oshimakeisuke.com/

ピンチのときこそ、いかに笑っていられるか

今の僕からすれば信じられないかもしれませんが、若い頃はずっと笑顔が苦手でした。特に20代のサラリーマン時代はメンタルが弱くなっていたので、とにかく心が苦しくて、素直に笑えない毎日が続いたのです。

あるとき、セミナーや講演会の世界があることを知ります。

「もっと自分を面白い人間にしたい。いつも笑顔でいられる人になりたい」

いろいろな学びを体験しました。その中で、同い年で活躍していた笑顔の先生の故・諏訪ゆう子さんと出会い、「笑顔セミナー」の研修を受けます。

これは、僕が「居酒屋てっぺん」を創業したとき、最初に取り入れた笑顔の勉強でした。とにかく笑顔を練習して、ゆう子先生からは「24時間、笑顔を意識しなさい」と。そうすると無意識レベルで笑顔になれるから、と教えていただきました。

彼女からの教えは「本気の朝礼」にも活かすことができました。

その後、メンタルトレーナーとして活動していた時代には、**「笑うことの大切さ」**を活かしたアドバイスを心がけました。

僕はもともと天照大神様の**「岩戸隠れ」**の話が大好きだったんですね。

岩戸にお隠れになった天照大神様に対して、天鈿女命《あめのうずめのみこと》が自分をさらけ出すように踊ることで周りが明るくなり、岩戸の前では大笑いが巻き起こります。そのにぎやかさ、笑い声の楽しさにつられて、天照大神様は閉じていた岩戸をお開きになります。真っ暗だった空が明るくなり、あたり一面に光が指し始めるのです。

あの神話……日本の神様は困難のときに何をするべきかを教えてくれている。**「笑う門には福来る」**という日本人が大切にしてきた諺《ことわざ》にもあるように、笑うことがどれほど大切か、「笑顔の力」の偉大さを伝えてくれるエピソードです。

自分で開発したメンタルトレーニングにも**「笑顔の力」**を活かしました。

「ピンチのときこそ、いかに面白がれるか」

「ピンチのときこそ、いかに笑っていられるか」

そのような教えが、人間の可能性を開き、奇跡を起こしていくことをたくさん体験することになります。**「笑いが奇跡を起こす！」**のです。

ピンチをチャンスに変える2つのお願い

ある年のこと。高校野球で甲子園に出場している名門・石見智翠館高校にメンタルコーチとして関わっていました。

監督と話をしているとき、こんな話題になりました、

「来年は甲子園を狙えると思うけれど、今年はちょっと難しいなぁ……」

僕はすかさず監督に告げました。

「いや、監督がそんなことを口にしたら言葉が思考を上回ってしまいますよ。思っていても言葉にしないでください」

甲子園に出場することは簡単ではありません。先鋭の選手たちでチームをつくり、勝負に挑むことから、どうしても監督たちは選手のダメなところに目が入ってしまいがちになります。「あいつは無理だろう」と、可能性にフタをしてしまうことが多いのです。

僕は監督と部長に、2つのお願いをしました。

「明日から1か月間、選手たちの良いところや素晴らしいところだけを書いてください。必ず1か月は続けてほしいのです。どんなことでもいいので意識して書いてくださいね」

お願いした1つ目は**「良いところ、素晴らしいところをノートに書く」**ことです。監督と部長は、しっかり実践してくれました。すると、1か月後のミーティングのとき、2人から次のような話が飛び出てきました。

「いやぁ、大嶋コーチから言われたとおり続けていたら、今まで気づきもしなかった選手たちの素晴らしい姿が発見できてね。こんなにも頼もしくて素敵な選手たちと野球ができることが愛おしくなってきたよ」

「ダメだと思っていたけれど、なんか全員の選手たちがすごいことをやってくれそうな気になってきました！」

人間は、視点が変わると見えるところ、見える景色そのものが変わります。1か月間、ちゃんとやってくれた監督たちに感謝の気持ちが湧いてきました。

そして、2つ目のお願いをしたのです。

「奇跡を起こしましょう！　次にお願いしたいのは、ピンチをいかによろこべるか、ピンチの場面で、いかに笑顔で場の空気をつくれるかです。試合でピンチの場面がやってきたら、監督自らが笑顔で迎えてあげてください」

監督たちに「岩戸隠れ」の話をして「天鈿女命のように踊ってください！」とお願いしましたが、さすがにそれは断られました（笑）。

「わかりました。では、言葉でいいです。**選手みんなを笑顔にする言葉**を心から言ってあげてください」

「いやぁ……そんなこと言えるかな。どんな言葉がいいのかわからない」

「それを一緒に考えましょう」

ある言葉を思いついた僕は、ピンチのときこそ監督に口にしてほしい言葉を伝えたのでした。

まずは「笑うこと」こそ奇跡を起こす原動力

その年の甲子園出場をかけた決勝戦の日。僕は携帯電話から試合の様子を伺っていました。ところが、試合が大詰めを迎えたとき、石見智翠館高校は対戦相手に2ランホームランを打たれてしまいます。画面越しに試合を見ていた僕は、「ああ、これで終わったか」と不覚にも嘆いてしまいました。

ところが、奇跡が起こったのです。自分たちが攻めていく直前、選手を集めて監督はこう言ったのでした。それは監督と2人で考えた言葉でした。

「よ～し、お前らよくやった～。やっとこの場面が来た。俺はこの機会を待っていた！　これは伝説をつくるチャンスだぞ。お前ら、伝説をつくってこい！」

最高の笑顔で選手たちに言えたそうです。

後日、選手たちにもその瞬間のことを聞きましたが、

「まさか監督が笑顔であんなことを言うとは思わなくて、わくわくしました」

監督が笑顔で言ってくれたその言葉で、選手たちの表情は一気に明るくなったそうです。奇跡が起こりました。

ヒット、ヒット、ヒット、ヒット！　の連続。押し出しのサヨナラ勝ちをしたのです。そして、悲願の甲子園に出場しました。

笑えなかった若い頃の自分……「笑顔の大切さ」を学び、実践し、居酒屋の仕事にも笑顔と笑いを活かしながら、メンタルトレーナーとしても僕自身を変えてくれた笑顔のパワーが、奇跡を生むことを教えてくれました。

楽しいから笑うことも事実ですが、笑うから嬉しい、笑うから楽しいもちゃんと「脳」に記憶されます。「アンカリング」という心理学の言葉があります。これは最初に示された情報（アンカー）が強く印象に残って、その後の判断にも影響を与えるという意味です。まずは「笑顔」、まずは「笑うこと」が情報としてアンカリングされると、スポーツでも、仕事でも、日常でも、最大限にパフォーマンスを発揮できることを僕は実体験を通して学ばせていただきました。

自分の「笑いのエネルギー」を味わった瞬間

木村れい子先生とご縁をいただいて、7年あまりが経ちますが、とにかく場の空気を明るくする日本代表だと僕は思っています。れい子先生の、

「あっははは～」

と言う声が、いつも耳に残っていて僕の笑顔をさらに引き出してくれます。

2024年12月23日、初めて枚岡神社の「お笑い神事」に参加させていただきました。今は真顔が笑顔でいられる僕もさすがにびっくりしました。

「20分間、笑い続ける」

そんなことができるんだろうか？　最初は半信半疑でした。

「大笑い＝神笑い」が始まって5分……正直なところ、心から笑えるかどうか不安

に思っている自分がいました。

ところが10分を過ぎたあたりでしょうか。自分の中の「笑い」のフタがパカっと開いた瞬間を感じたのです。そのフタが開いたときから、頭で考えなくても腹の底から笑っている自分がいました。その「笑い」は尽きるどころか、次から次へと泉が湧いてくるような感覚です。

1000人を超えるほどの参加者みんなの「大笑い」と自分の笑いが共鳴して、全身に笑いのエネルギーが広がっていく感じです。

初めて体験する感動でした。


2025年も必ず「お笑い神事」に参加したいと思います。

自分自身の「笑い」と出合いたいこともありますが、大勢の仲間や参加者の皆さんと「笑いのエネルギー」を全身で味わってみたいと思います。

あとがき

最後までお読みいただき、ほんとうにありがとうございました。

今思い返すと私は小さい頃から、いつでもどこでも、どんなことがあっても笑っていました。多分、感覚的に知っていたのだと思います。笑っていると必ず良いことがあるということを……。

小さい頃から性格が明るかったかというと、そうでもなく、肌も弱く、体も弱く、コンプレックスの塊でした。それでもいつもニコニコ笑っていたので、少しずつ脳が明るくなったんだと思います。

ニコニコ笑顔でいると、なんとかなって気がつくと、すべてが幸せな方向に導かれることを知っていました。

当時の家の前にアパートがあり、そこに住んでいる人たちの部屋に笑顔で行っては可愛がってもらい、いつもお菓子をいっぱいいただいた記憶があります。

父にはいつも言われていたことがありました。

「女の子はいつも笑っているとチャーミングな女性になれるよ。れい子は愛嬌があって、いつも笑っているからチャーミングな女性になることを心がけていなさい。チャーミングな女性は、いくつになっても可愛がってもらえるんだよ。れい子が大人になってもそれを忘れないように！」

それから私はチャーミングを目指しました。父にはとても感謝しております。最後まで粋な人生を送った父でした。

いつも笑っていると笑顔が固定化されて、24時間体制で笑えます。ほんとうですよ。そうなると、まったく顔相が変わります。**「いつも笑っている顔＝開運福顔」**です。

神様は人間が笑っていると、とってもよろこばれるのです。それは私たちが、神様と共に生きているからです。「どんなに大変なことや暗いことがあっても、もう笑い飛ばすしかないよね」という言葉もありますよね。私は長い人生の中、笑い飛ばして、ここまで生きてきました。

笑いの力のすごいのは、考え方やマインドが軽くなることです。

何か悩んでいても深刻に考えると脳が重くなります。そして、深刻に考え出すと脳が暗くなりますよね。同様に顔も暗くなります。

ところが、目の前の人が笑っていれば、すぐに心が打ち解けて、どんなことがあろうと私も笑っちゃいます。明るさや笑いは伝染するのです。


「笑いの伝染力を世界に広めたい！」


私は本気で思って活動をしております。

それには、ただ笑うだけでは弱いのです。大きな口を開けて、歯を見せて、心の底からよろこびと「今」を生きている感謝を笑いで表現するのが大笑いです。

今の世の中は「笑い」が足りません。大笑いをしないと、体の奥の奥のほうの何か辛かったこととか、トラウマといわれ続けてきたことなどが、メモリーとして入ったままになるからです。

これを一気に吹き飛ばすのが **「大祓い＝大笑い」** なのです。

私は本気で今、「大笑い」を世界中に広げたいと思っています。

最近、お顔鑑定をしている中で気になるのが、未来への不安を相談される方が多いことです。「どのように生きていったらいいんだろう……」と。

それには、マインドを不安から感謝に変えることが必要です。ご自分のマインドの入り口が、すべてに感謝とよろこびの周波数に変われば、良いことしか起こらなくなります。

例えば家がある、夫や妻がいる、仕事がある、食べるものに困らない、など当たり前と思うことが当たり前でないこと……これがわかると感謝とよろこびが湧いてきます。

生きていることそのものに、感謝とよろこびを感じながら生きていると、20分間でも大笑いできるのです。「感謝がない→不安→自信がない」を感謝とよろこびに変えた途端、誰もが1時間でも笑えるようになりますよ。

そして、女性はすべてを照らす存在……このことに気づくのも大事なことです。

私は世界中の女性が「**女照女神**《あまてらすめがみ》」になったら、ますます光輝く時代がやってくることを確信しております。

女性のお役目は光で世の中を照らすことです。

お母さんがいつも笑っていたら、子どもは安心感と安定感と安全感の中で生きていけます。どうぞ一緒に笑顔を固定化できるよう「あっははは〜」といつでもどこでも大笑いをしてくださいね。

「家が笑っている！」

そんな家が増えたら、子どもたちはみんな明るくて元気でたくましく育ちます。

この本は、多くの方たちの励ましと協力と優しい心あふれる思いでつくることができました。ほんとうに感謝しかありません。

枚岡神社の中東宮司様には、私たちが知らなかった日本の作法と歴史と大笑いの笑い方もお教えくださり、たくさんの知らなかった神様のことを教えていただきました。ほんとうにありがとうございました。

大嶋啓介さんも2024年の「お笑い神事」に参加してくださったことで、素晴らしいお話をコラムとして書いていただきました。2025年も一緒に12月23日のお笑い神事も盛り上げてくださいます。

「『大笑い』をテーマにした本を書きませんか？」と言ってくださった書籍編集の

プロであり、映画監督としても活躍する鈴木七沖さんには心から感謝いたします。二人三脚で伴走してくださいました。

そして、いつも支え励ましてくださる大山会代表の大山峻護さんは、どんなときも「大笑い」を応援してくださり、ほんとうにありがとうございます。

たくさんの方々にご支援、励ましをいただけるのは、私がずっとずっと大笑いをしていて、いつも明るい陽気な顔とマイルドを持ち続けていたからだと思います。

この本をお手に取ってくださったあなたに心からの感謝を申し上げます。

これからも、どうぞ一緒に1日に何十回も大笑いをして。まわりの人を明るい光で照らしてくださいね。

この世界が笑いであふれ、大調和することをワクワクしております。

皆さまへの心からの愛と感謝を込めて。

2025年2月吉日

木村れい子

特別動画プレゼント

強運をつかむ！
開運大笑いと開運ラッキーメイクの秘密

本書をご購入いただきまして、誠にありがとうございます。

「開運福顔」×「開運ラッキーメイク」×「開運大笑い」をさらに実践していきたい方に、特別な動画コンテンツをご用意しました。以下の QR コードから『開運大笑い』ご購入者専用 LINE にご登録していただくことができます。

こちらに登録していただけると、木村れい子の「現実が180度切り替わる開運ラッキーメイクの秘密」という動画と、枚岡神社の中東宮司の特別インタビュー「参加するだけで大開運する!? お笑い神事の秘密」という動画をプレゼントいたします。

ぜひ、この2つの動画もご覧いただいて、大開運していってくださいね。

〈著者紹介〉
木村れい子（きむら・れいこ）
「人の運は顔から始まる」の考えのもと、40年以上にわたり、東洋の観相学、人相学、脳科学、開運術を学び、研究しつづけた「開運美容家」。日本開運学協会理事長。開運顔相鑑定士。開運ラッキーメイク家元。「すべての運」は顔から始まるをモットーに、これまでのお顔鑑定人数は２万人以上に及ぶ。自分の顔の素晴らしい運を知り、自分に自信を持ち、顔を磨き上げて福相になることで、福の神に愛されるお顔作りのパイオニア。1500年続く達磨大師の「観相学」と、額と眉を光り輝かせることで開運する「開運美容」を掛け合わせた独自の「開運ラッキーメイク」は、「運を味方につけ、ツキを呼び込むメイク法」として、コロナ以降の新しい時代に、メディアでも大注目を浴びている。最近は「金運爆上げ億女メイク」などの取材も殺到中！ お顔の開運顔相鑑定士・開運ラッキーメイクセラピスト・開運造形美容講師・開運骨盤底筋ヨガ&女性ホルモン力指導資格講師等を養成するほか、講演や企業セミナーなど精力的に行っている。著書に『すべての運がたちまち目覚める「開運福顔」のつくり方』（サンマーク出版）、『金運は眉で決まる！』（徳間書店）などがある。

開運大笑い　幸せの泉が湧きあがる秘密

発行日　２０２５年4月 １ 日　第１刷発行
　　　　２０２５年4月１０日　第２刷発行

著　　者　木村れい子
発 行 者　清田名人
発 行 所　株式会社内外出版社
〒110-8578 東京都台東区東上野2-1-11
電話 03-5830-0368（企画販売局）
電話 03-5830-0237（編集部）
https://www.naigai-p.co.jp
装　　幀　福田和雄（FUKUDA DESIGN）
D T P／イラスト　中富竜人
校　　正　馬場 環
編　　集　鈴木七沖

印刷・製本　中央精版印刷株式会社

Printed in Japan
ISBN 978-4-86257-733-7 C0030